L'HYPOTHÈQUE JUDICIAIRE

EN FRANCE

COMPARÉE AUX INSTITUTIONS QUI LA REMPLACENT

DANS LES DIFFÉRENTES LÉGISLATIONS ÉTRANGÈRES

PAR

VICTOR DE SAINT GENIS

DOCTEUR EN DROIT
CONSERVATEUR DES HYPOTHÈQUES
LAURÉAT DE L'INSTITUT

FONTAINEBLEAU
IMPRIMERIE E. THIREL
GRANDE RUE, 115

1881

(2)

Tiré à 100 exemplaires.

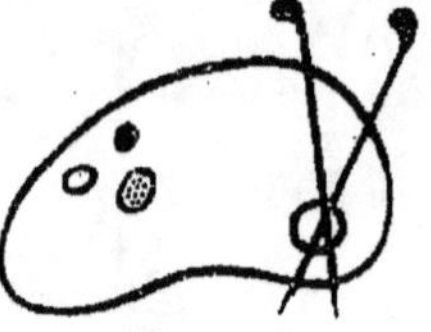

Fin d'une série de documents
en couleur

L'HYPOTHÈQUE JUDICIAIRE

EN FRANCE

L'HYPOTHÈQUE JUDICIAIRE

EN FRANCE

COMPARÉE AUX INSTITUTIONS QUI LA REMPLACENT

DANS LES DIFFÉRENTES LÉGISLATIONS ÉTRANGÈRES

PAR

VICTOR DE SAINT GENIS

LICENCIÉ EN DROIT
CONSERVATEUR DES HYPOTHÈQUES
LAURÉAT DE L'INSTITUT

———×———

FONTAINEBLEAU

IMPRIMERIE E. THIREL

115, GRANDE-RUE, 115

—

1881

AVANT-PROPOS

La Faculté de Droit de Paris mit au concours, en 1879, la question suivante :

Apprécier la légitimité de l'hypothèque judiciaire et des institutions qui peuvent être proposées pour remplacer cette hypothèque. Comparer, sur l'hypothèque judiciaire, les lois étrangères avec la loi française.

Il paraissait utile aux éminents professeurs qui formulaient ce programme de provoquer une décisive étude sur un point qui peut, d'un moment à l'autre, faire l'objet d'un projet de loi, et qui, par l'abondance même des documents, offre des difficultés particulières. Le sujet était séduisant; un homme du métier trouvait à y satisfaire à la fois le goût des théories juridiques et l'habitude des recherches professionnelles. Je crus que la thèse, précisément parce que le sujet semblait épuisé, permettait d'écrire un traité complet et substantiel de l'hypothèque judiciaire depuis ses origines jusqu'à sa formule actuelle. Je me persuadai que, pour être digne des juges, il fallait donner à la question le développement méthodique qu'il est de rigueur d'apporter à toute étude, si modeste qu'elle soit. Le cadre s'élargit à mesure que le sujet est plus profondément étudié, et il est difficile d'apprécier la valeur exacte d'un rouage sans examiner dans son ensemble le mécanisme auquel ce rouage appartient. Pénétré de la logique des rapports administratifs, où tout se pèse et se mesure, je crus qu'il fallait poser la question avant de la discuter, jeter sur cette étude les clartés de l'histoire avant de conclure, et faire naître la solution du sujet lui-même plutôt que de rajeunir quelque théorie à l'aide de présomptions artistement groupées. Je m'étais trompé.

Le concours, malgré la spécialité technique du sujet, ne comportait ni tant de recherches, ni tant de citations, ni toutes ces données statistiques, ni ces calculs, ni cette étude des effets de la loi dans la pratique; il était inutile de correspondre avec les plus éminents jurisconsultes des deux mondes, inutile de fouiller les archives parlementaires et d'évoquer le témoignage des Valette et des Demante. Mieux valait beaucoup de hardiesse, quelque vivacité dans le style, quelque verdeur dans la critique, l'habitude de ces joutes oratoires et une heureuse chance.

Toutefois, arrivé troisième auprès du but, j'aurais mauvaise grâce à me plaindre de mon insuffisance, et les critiques flatteuses de mes juges me sont à la fois une leçon dont je profite et une récompense que j'apprécie.

Le rapport imprimé du 2 août 1880, motivant le jugement du concours Rossi, s'exprime en ces termes sur le Mémoire dont je revendique ici la signature et qui portait pour épigraphe : *Le bon sens qui autrefois a fait découvrir les principes fait aujourd'hui qu'on les retrouve.*

Ce travail suppose une intelligence sérieuse de la pratique, il contient une analyse exacte des discussions parlementaires, des renseignements assez précis sur certains résultats de la loi actuelle, une statistique curieuse concernant l'arrondissement de Fontainebleau, et des communications intéressantes faites par des jurisconsultes étrangers sur la pratique anglaise et l'organisation de la propriété dans les pays germaniques. Les législations des autres pays sont groupées en trois séries et les éléments de comparaison ont été réunis avec soin. Ce qui manque à ce mémoire, c'est la rigueur dans la méthode et la sagacité dans la mise en œuvre des matériaux amassés. *Beaucoup de parties, ayant coûté une somme considérable de travail, constituent des hors-d'œuvre ; tout ce qui est relatif au régime hypothécaire est dans ce cas.*
L'historique de l'hypothèque judiciaire manque de précision et de relief. Tel qu'il est, ce travail porte la trace d'un labeur obstiné et de qualités réelles dont nous nous plaisons à rendre témoignage.

Respectueux de ces critiques, j'ai supprimé les *hors-d'œuvre*, c'est-à-dire les deux tiers de mon travail primitif, en textes et en citations. Que le lecteur m'excuse s'il ne trouve plus ici ce que peut-être il y cherchera :

Nam neque chorda sonum reddit quem vult manus et mens,
Nec semper feriet arcus.   HORAT. *Post.* 275.

Dégageant toutefois de ces matériaux, méthodiquement écartés par les théoriciens qui les supposent connus quand ils ne sont que négligés, leur esprit, leurs tendances, leurs effets pratiques, j'ai voulu démontrer, en abrégeant les preuves, que l'hypothèque judiciaire dans sa forme actuelle, contraire au droit et à la justice, condamnée par l'histoire, repoussée par l'opinion, rebutée par les codes des états civilisés, doit disparaître de nos lois.

DIVISIONS DU SUJET

CHAPITRE Ier

ORIGINES HISTORIQUES DE L'HYPOTHÈQUE JUDICIAIRE.

I. Précédents historiques de l'hypothèque judiciaire.
II. Sources de l'hypothèque judiciaire dans le droit coutumier et sa
consécration légale au XVIe siècle.
III. Variations de l'hypothèque judiciaire d'après le droit intermédiaire;
lois de messidor an III et de brumaire an VII.
IV. L'hypothèque judiciaire d'après le code civil de 1804 et la jurisprudence actuelle.

CHAPITRE II

LÉGISLATION COMPARÉE DES DIVERS ÉTATS CIVILISÉS AU POINT
DE VUE SPÉCIAL DE L'HYPOTHÈQUE JUDICIAIRE

§ 1er. — Considérations générales sur les principes de concordance.
§ 2. — Premier groupe. — Type anglo-saxon.
     I. Angleterre.
     II. Danemark.
     III. Suède et Norwège.
     IV. Russie.

§ 3. — Deuxième groupe. — Système allemand.
     I. Considérations générales sur la constitution territo-
       riale des nations germaniques.
     II. Autriche.
     III. Bavière.
     IV. Prusse.
     V. Suisse allemande.
     VI. Wurtemberg.
     VII. Espagne.

§ 4. — Troisième groupe. — Systèmes franco-latins.
     I. Sommaire historique.
     II. Belgique.

CHAPITRE III

EXAMEN CRITIQUE DU RÉGIME HYPOTHÉCAIRE FRANÇAIS EN CE QUI CONCERNE SPÉCIALEMENT L'HYPOTHÈQUE JUDICIAIRE ET DES DIFFÉRENTES INSTITUTIONS PAR LESQUELLES ON A PROPOSÉ DE LE REMPLACER.

CHAPITRE IV

CONCLUSIONS TENDANT A LA RÉFORME DE LA LÉGISLATION HYPOTHÉCAIRE FRANÇAISE EN CE QUI CONCERNE L'HYPOTHÈQUE JUDICIAIRE.

CHAPITRE Ier

ORIGINES HISTORIQUES DE L'HYPOTHÈQUE JUDICIAIRE

Précédents historiques de l'Hypothèque judiciaire.

La législation française, en matière hypothécaire, a conservé deux procédés qui sont la source de quantité d'abus, de procès et de ruines : l'hypothèque légale, *qui est occulte; l'hypothèque judiciaire, qui frappe d'une hypothèque générale tous les biens, présents et futurs, du débiteur condamné.*

L'hypothèque judiciaire a sa source dans les origines du Droit français. D'éminents jurisconsultes ont cru la retrouver dans le Droit romain, qu'adopta l'ancienne pratique de la vieille France; cette illusion de la théorie est contredite par les textes et repoussée par les commentateurs.

Ce que les Romains appelaient le *gage judiciaire* n'était point une hypothèque; le mot et la chose ne furent jamais identiques à ce que représente aujourd'hui l'hypothèque judiciaire telle que la définit l'article 2123 du Code civil français.

A Rome, la sentence du juge accordait au plaideur qui avait gain de cause la simple action personnelle *in factum, vel ex judicato.* Le magistrat compétent était saisi de la nouvelle instance; il appréciait tout d'abord la question de savoir s'il y avait ou non chose jugée, la possibilité d'exécution devant dépendre de cette constatation préalable; une fois ce fait acquis qu'il y avait sentence définitive, le magistrat appliquait la loi selon que le débiteur condamné était présent ou absent.

Dans la première de ces alternatives, il accordait au débiteur tout ou partie du délai qu'il demandait pour se libérer; aussitôt le délai expiré, si le paiement n'avait pas eu lieu, il commettait un apparitor, l'huissier de nos tribunaux, qui saisissait les biens du débiteur à titre de gage judiciaire, *pignus judiciale;* faute de payement dans les soixante jours, et sans qu'il fût besoin d'autres formalités, les biens étaient mis en vente *sub hasta. Si,* au contraire, le débiteur ne se présentait pas, la procédure était plus rapide. Le magistrat mettait immédiatement le créancier en possession provisoire des biens du débiteur, pour les détenir *merâ custodia*, à titre de gage du préteur, *pignus prætorium*, et à charge de les vendre à bref délai, *sub hastâ*.

Cujas a distingué, avec sa finesse caustique, ce qui différenciait le *pignus judiciale* (débat contradictoire) du *pignus prætorium* (défaut du débiteur); mais ces deux gages n'étaient qu'une saisie réelle, ainsi que le remarquent Pothier, Mornac et Troplong, restreinte par Justinien à l'importance de la condamnation : *Juxtâ mensuram declarati debiti.*

De ce que, après la saisie, le créancier détenteur des biens de son débiteur, à titre de gage, se trouve dans une situation semblable à celle du créancier qui a main mise à la suite de l'action hypothécaire, on n'en peut pas déduire que le *pignus judiciale* ou même le *pignus prætorium* soit une hypothèque. Le créancier hypothécaire saisissant avait sur la chose un droit *antérieur à sa mise en possession ;* le créancier judiciaire n'a de droit réel, au contraire, qu'après l'ordonnance du juge qui, en décrétant la saisie, transforme l'action personnelle en droit sur la chose.

II

Sources de l'Hypothèque judiciaire dans le Droit coutumier et sa consécration légale au XVIe siècle.

Cédule vaut contrat, dit un ancien texte. C'est en commentant cet axiome que la Coutume de Paris, en son article 107 de la révision, disposait que :

Cédule privée avec promesse de payer emporte hypothèque, *du jour de sa confession en justice.*

Sous le régime antérieur à la Révolution, tout contrat authentique emportait avec lui une hypothèque générale sur tous les biens présents et à venir de l'obligé, quand bien même la convention d'hypothèque n'y était pas exprimée. C'était l'application directe et absolue du principe : *qui s'oblige, oblige le sien*. Tout acte public entraînait avec soi l'action hypothécaire; et toute hypothèque était légale, générale et occulte.

Le président Favre, l'un des premiers, blâma cette exagération de la responsabilité civile qui, par le seul fait d'une convention sur un objet quelconque, et quelle que fût l'importance vénale de cet objet, enchaînait indéfiniment la volonté des parties et les grevait, souvent à leur insu, de charges d'autant plus lourdes et dangereuses qu'elles restaient secrètes, imprévues et indéfinies.

La pratique tenait peu de compte de la critique des jurisconsultes, alors surtout que d'autres commentateurs élargissaient encore, par voie de conséquence, le cercle d'action d'une règle dont l'application n'avait pas de limites. Les légistes continuaient à sous-entendre l'hypothèque conventionnelle dans tous les actes publics, non-seulement là où elle paraissait être une garantie intrinsèque et normale, mais même dans les stipulations où il était manifeste qu'on n'avait point eu la pensée de la stipuler. On arriva à cette nécessité, qu'à l'inverse de nos principes modernes, *il fallut que la dispense d'hypothèque fût explicite*; et, si l'on voulait restreindre le droit hypothécaire à un immeuble désigné, il fallait que la convention fût formelle et la réserve expresse. Loyseau appréciait cet état de choses avec vivacité; il le considérait comme une source de désordres, *de malices*, et de malheurs inévitables. Il en résulta que, tout acte revêtu d'un caractère authentique emportant, de plein droit, une hypothèque générale et secrète sur tous les biens présents et à venir du débiteur, qu'il les eût acquis de ses propres deniers ou qu'ils lui advinssent par héritage, donation manuelle ou *hasard de fortune*, sans qu'il fût besoin d'aucune inscription ni autre forme de publicité quelconque pour garantir cette hypothèque ou la constater, on associa l'idée d'hypothèque à la simple déclaration d'un tiers pourvu d'un office, investi d'une parcelle de l'autorité publique. On dégagea l'hypothèque du fait originel de la convention, et, par voie de conséquence, on la fit dépendre uniquement du caractère public dont étaient investis les notaires qui imprimaient aux actes des parties le cachet de l'authenticité.

Il était rationnel que le privilége tacite dont jouissaient les actes des notaires s'étendît également, dans toutes les circonstances qui n'étaient plus de la compétence de la juridiction volontaire, aux actes plus solennels des juges. En équité, il est exact de dire : *cédule vaut contrat;* mais, en droit, et pour ne point contredire à la règle prudente par laquelle *la forme emporte le fond*, il est nécessaire de conserver à chaque sorte d'engagement la valeur spéciale, la garantie particulière que lui donne sa forme librement consentie.

Les rédacteurs du droit coutumier, spécialement Pierre des Fontaines et Philippe de Beaumanoir, imbus des principes du droit romain renaissant, les firent pénétrer dans la législation féodale. La pensée de l'autorité souveraine, contradictoire à l'isolement et à l'indépendance des fiefs, les dominait; *si veut le Roy*, disaient-ils, *si veut la loy*. Or, la loi se résumait dans *la justice* et il semblait que plus l'autorité du juge serait fortifiée, plus le cercle de ses attributions agrandi, et plus la puissance royale en serait accrue. L'enchaînement d'idées qui fit assimiler au contrat notarié la cédule, le simple billet privé, pourvu qu'il eût été *confessé* devant le juge, tient autant de l'ordre politique que de l'ordre purement juridique et doctrinal. (1)

L'article 93 de l'ordonnance rendue par François Ier, à Villers-Côterets, au mois d'août 1539, sur le rapport du chancelier Poyet, étendit à tout le royaume l'usage de Paris et conféra aux jugements le droit d'hypothèque qu'emportait tout acte public :

Si aucun est adjourné en connaissance de cédule, compare ou conteste déniant sa cédule, et si par après est prouvée par le créancier, l'hypothèque courra et aura lieu du jour de la dite négation et contestation

---

(1) La sûreté des contrats était à ce point d'ordre social que, pendant nos guerres anglaises, une des préoccupations des envahisseurs était de répondre aux doléances des *bonshommes, bourgeois et vilains* et de pourvoir aux nécessités légales qu'exigeaient les prises et pillages de villes, la grève du commerce et du crédit, la perte des gages fonciers.

L'un des plus anciens actes législatifs relatifs au régime hypothécaire est l'ordonnance en forme de lettres patentes donnée à Paris, le 27 mai 1424, par le roi Henri d'Angleterre, concernant le privilége des bourgeois de Paris sur les maisons vacantes ou en ruines grevées d'hypothèques à leur profit. — (Recueil d'Isambert, VIII. 668.)

Du moment où le juge suppléait en quelque sorte le notaire pour la preuve et l'intelligence des conventions entre particuliers, il fallait que la langue juridique cessât d'être inintelligible et que les sentences et procédures fussent libellées en langage usuel au lieu de continuer à l'être en latin. Les art. 110 et 111 de l'ordonnance sont la conséquence logique de l'art. 93.

Et afin qu'il n'y ait cause de douter sur l'intelligence des arrests, ordonnons qu'ils soyent faits et escripts si clairement qu'il n'y ait et ne puisse avoir aucune ambiguïté ou incertitude, ni lieu à demander interprétation.

Et pourceque telles choses sont souventes fois advenues sur l'intelligence des mots latins contenus èsdits arrests, nous voulons d'ores en avant que tous arrests, ensemble toutes autres procédures, soit de nos cours souveraines ou autres subalternes et inférieures, soit prononcez, enregistrez et délivrez aux parties en langage maternel françois et non autrement.

Les grandes ordonnances de Michel de Lhospital fortifièrent la généralisation de cette innovation légale. Les art. 8 et 10 de l'ordonnance de Charles IX, donnée à Paris en janvier 1563, et dite de Roussillon dans les recueils de lois, confirmèrent en termes explicites la création de l'hypothèque judiciaire et simplifièrent en la précisant la sanction que cette disposition ajoutait à la force exécutoire des décisions de justice.

Art. 8. — Ceux qui nieront leur seing apposé en leurs cédules ou promesses par écrit seront condamnez, après la vérification faite du contraire, au double de la somme portée par les dites cédules.

Art. 10. — Déclarons tous juges, tant de nous que de nos sujets hauts justiciers, compétens pour la reconnaissance ou dénégation des cédules contre les personnes trouvées sur les lieux hors de leurs domiciles.

Enfin l'ordonnance de Charles IX sur la réforme de la justice, donnée à Moulins, en février 1566, enregistrée au Parlement de Paris le 29 juillet 1566, formula définitivement les principes posés en 1539 et 1563.

Art. 52. — Pour faciliter les exécutions des arrests et jugements et plusieurs involutions et longueurs qui y sont par trop fréquentes et ordinaires, avons ordonné que dorénavant pour les réparations et améliorations adjugées aux condamnez, ne seront empeschées les exécutions des jugemens pour le fait de la possession et introduction en icelle des personnes qui auront obtenu jugement à leur profit, en baillant par eux caution bourgeoise et suffisante de payer les dites réparations sitost qu'elles seront liquidées; et demeurant la terre ou héritage pour ce regard affecté ou hypothéqué audit payement, sinon que le condamné les offrit liquider dans un mois pour tout délay.

ART. 53. — Dès lors et en l'instant de la condamnation donnée en dernier ressort, et du jour de la prononciation, sera acquis à la partie droit d'hypothèque sur les biens du condamné pour l'effet et exécution du jugement ou arrest par lui obtenu.

La réforme de 1539, avec ses confirmations de 1563 et de 1566, eut l'avantage relatif de ne point laisser les sentences solennelles des cours de justice dans un état d'infériorité vis-à-vis des simples actes rédigés par un tabellion de village. Cette nouveauté se réduisait en somme à l'assimilation pure et simple des jugements aux actes authentiques; elle avait eu pour but principal de rehausser la force des arrêts de justice, elle eut surtout pour résultat d'aggraver les abus de la pratique hypothécaire.

Depuis l'ordonnance de Moulins, et même dans les pays de nantissement, on prit l'habitude, au témoignage de Lamoignon, de contracter par voie de cédule ou billet privé, qu'on faisait reconnaître en justice trois jours après. Par ce détour, on obtenait rapidement, sans grands frais ni formalités gênantes, et en s'exonérant de l'office obligé du notaire, une hypothèque générale judiciaire.

La jurisprudence tint, dès lors, pour maxime de droit étroit qu'il était licite, à défaut de contrat notarié et d'engagement hypothécaire prévu, de demander la reconnaissance d'une écriture devant n'importe quel juge de n'importe quelle juridiction, pourvu qu'il ne fût pas juge ecclésiastique (1). Les effets de la reconnaissance d'écriture devenaient par là identiques à ceux de l'acte notarié, puisque l'hypothèque s'attachait, *pleno jure*, à tout acte authentique, et qu'un écrit privé devenait authentique

(1) Les notaires apostoliques ne donnent aucune hypothèque, et leurs actes n'ont point d'exécution parée *parce que les évêques n'ont aucun territoire;* cela est si vrai que, pour l'exécution des sentences de leurs officiaux hors de leurs prétoires, ils demandent le secours du bras séculier. — (Bruneau, *Traité des criées,* 1684, page 340, note a.]

par le seul fait de son aveu devant un officier public, quel qu'il
fût. Ce nouveau droit résultait de la combinaison des art. 93 de
l'ordonnance de 1539 et 53 de celle de 1566, avec l'art. 10 de l'ordonnance de Roussillon. Les auteurs, Basnage, Bourjon, Lamoignon, etc., admettent que la reconnaissance d'écriture peut être
faite *en toute cour laïque*, devant les juges-consuls, encore que
les écrits privés ne soient pas rédigés pour fait de commerce,
devant les maîtres des requêtes de l'hôtel du Roi, et même devant
les juges d'élection.

L'ordonnance de Moulins ne conférait le droit d'hypothèque
qu'aux jugements *rendus en dernier ressort;* mais, des remon-
trances ayant été faites, l'art. 11 d'une déclaration du roi, du
10 juillet 1568, disposa que *l'hypothèque aurait lieu et effet du
jour de la sentence, si elle était confirmée par arrêt, ou d'icelle,
s'il n'y avait appel.*

L'ordonnance du mois d'avril 1667 disposa : à l'égard des
jugements contradictoires, qu'il n'était pas besoin de les signifier (art. 11 du titre XXXV); à l'égard des jugements par défaut,
qu'ils ne donneraient hypothèque que du jour de leur signification aux procureurs (art. 9 du titre des Requêtes civiles). Ces
maximes furent, sur ce point spécial, le droit commun de la
France sous l'ancien régime, depuis 1539 jusqu'en 1795.

III

Variations de l'Hypothèque judiciaire
d'après le droit intermédiaire : lois de messidor an III
et de brumaire an VII.

La période agitée, fiévreuse, qui va de 1787 à 1804, se carac-
térise, dans le domaine légal, par une explosion de projets, de
théories, d'expériences dictées le plus souvent par d'excellentes
intentions, et qu'une trentaine d'hommes dévoués, travailleurs

infatigables, esprits sagaces, caractères fermes, débrouillèrent, pesèrent, choisirent, coordonnèrent pour en tirer ces quelques lois d'une simplicité savante, qui servent de base à la société contemporaine. La question hypothécaire fut l'une de celles où l'esprit de réforme des novateurs se donna la plus libre carrière; cette question, en effet, se lie à tous les intérêts de l'homme, à toutes les branches de la législation; elle touche à l'industrie et au commerce comme à l'agriculture, aux capitaux comme aux biens-fonds, à l'État comme aux individus. Elle se compliquait, de 1790 à 1794, de la colossale liquidation territoriale par laquelle la France, menacée d'invasion, réduite à battre monnaie avec sa propre substance, hypothéquait la dette publique sur le sol et offrait les domaines nationaux en garantie des assignats.

Dès le début de la Révolution, le législateur se préoccupa du problème complexe qui se posait à lui : *tout détruire et tout remplacer.* Les lois hypothécaires, dans cette refonte universelle de la société, s'associaient aux deux dangers du nouvel ordre de choses : la ruine du crédit public, la liquidation des biens nationaux. On espéra que la combinaison de ces deux périls produirait le salut et que le crédit public, ébranlé par tant de secousses, se consoliderait sur le sol national. Trois types de systèmes hypothécaires se présentèrent à l'esprit des novateurs et furent discutés avec la passion entraînante de cette époque sanglante et sublime, où tout était héroïque, même les fautes, où tous les partis eurent leurs heures de renoncement et de patriotisme sincère, où le crime lui-même deviendrait excusable s'il y avait jamais d'excuse contre la vertu et contre le droit.

Ces trois types se résumaient ainsi : 1° Mobilisation générale du sol, imitée du système de Law; 2° Tutelle de l'État, imitée des lois anglaises; 3° Associations territoriales de crédit, imitées des Allemands.

De la comparaison des trois types hypothécaires résulta un embarras qui se prolongea de 1790 à 1804, provoquant les essais contradictoires de messidor et de brumaire. L'hypothèque judiciaire survécut à ces discussions; elle parut indispensable; on y attacha des idées complexes, on en fit un droit mixte, participant à la fois de l'hypothèque attachée à la reconnaissance publique d'écritures et du privilége du Trésor. L'article 14 du titre II de la loi du 23 octobre 1790 accordait *le droit d'hypothèque générale et l'exécution forcée* à tous les actes administratifs; l'art. 9 de la loi du 5 décembre 1790 fixait l'ordre des hypothèques d'après la date de l'enregistrement; les lois de 1791 et 1792 assujettissaient les acquéreurs de domaines nationaux à l'hypothèque de l'État; la loi des 4-9 mars 1793 attachait aux marchés publics, même rédigés sous seing privé, une hypothèque générale de plein droit à dater de l'acceptation ministérielle qui donnait au marché son authenticité.

La loi du 9 messidor an III (27 juin 1795) avait pour titre officiel : Décret contenant le code hypothécaire, et se divisait en 278 articles répartis en deux titres : 1° *Des hypothèques pour l'avenir;* 2° *Des hypothèques sur le passé.* Toute l'économie du système se résumait en quelques phrases courtes et claires :

L'hypothèque est volontaire ou *forcée* (art. 7).

L'hypothèque forcée résulte, en faveur du créancier, sur les biens présents et à venir de son débiteur contre lequel il est intervenu, soit un *jugement de reconnaissance d'écrit privé* ou de *condamnation*, soit une *sentence arbitrale* rendue exécutoire (art. 10).

Nulle obligation ou titre de créance ne peut conférer hypothèque s'il n'est fait par acte public de la juridiction volontaire ou *contentieuse*, ou si, étant par écrit privé, il n'a été reconnu par acte ou jugement public (art. 17).

Les actes publics et les *jugements* donnent hypothèque de plein droit et sans qu'elle ait besoin d'être exprimée; néanmoins, l'hypothèque n'est acquise définitivement que par la formalité de l'inscription (art. 19).

La loi du 11 brumaire an VII (1er novembre 1798) sur le régime des hypothèques, comprenait 58 articles répartis en quatre titres : 1° Des hypothèques et priviléges pour l'avenir; 2° Du mode de consolider et purger les expropriations; 3° Hypothèques et priviléges du passé; 4° Publicité des registres.

Les caractères de publicité et de spécialité sont nettement formulés par les art. 2, 3 et 4.

L'hypothèque ne prend rang et les priviléges sur les immeubles n'ont d'effet que par leur inscription dans les registres publics.

L'hypothèque existe, mais à la charge de l'inscription : 1° pour une créance consentie par acte notarié; 2° *pour celle résultant d'une condamnation judiciaire;* 3° *pour celle qui résulte d'un acte privé dont la signature aura été reconnue ou déclarée telle par un jugement;* 4° pour celles auxquelles la loi donne le droit d'hypothèque.

Toute stipulation volontaire d'hypothèque doit indiquer la nature et la situation des immeubles hypothéqués; elle ne peut comprendre que des biens appartenant au débiteur lors de la stipulation.

L'hypothèque judiciaire ne peut affecter que les biens appartenant au débiteur lors du jugement (art. 5).

IV

L'Hypothèque judiciaire d'après le Code civil de 1804 et la jurisprudence actuelle.

Le droit français, en créant de toutes pièces l'hypothèque judiciaire, eut pour principal dessein de consacrer, *au profit du pouvoir royal* qui ramenait à lui tous les droits de justice des fiefs, l'autorité des sentences des juges, et de leur donner une sanction matérielle immédiate. *Qui a le juge a le droit*, disait-on autrefois; la raison politique dominait ici encore le droit civil et la réforme judiciaire. Les termes précis de l'ordonnance de Moulins et ceux non moins impératifs de la loi de messidor et de la loi de brumaire ne laissent aucun doute sur cette préoccupation autoritaire et centralisatrice.

Sous l'ancien régime, le roi ressaisissait et maintenait l'unité par la confusion des pouvoirs; après 1789, le législateur, alors que le souvenir des parlements et de leurs arrêts de règlement était dans toutes les mémoires, avouait sa défiance du pouvoir judiciaire et, en posant la règle de la séparation des pouvoirs n'avait que deux pensées : réduire à néant la puissance royale renfermer le juge dans le cercle du droit criminel et du droit privé. Le roi devenu impuissant, puis supprimé, le juge pouvait être investi d'une autorité considérable ; ne représentait-il pas la souveraineté rajeunie du peuple, la Nation ?

Mais le droit intermédiaire tempère déjà les rigueurs de l'ancien droit. Avant 1795, l'inscription judiciaire existe dans toute sa plénitude et frappe, dans l'ombre, l'universalité des biens du débiteur. Nulle atténuation ; point d'exception ni de réserve : *Dura lex, sed lex*. En 1795, *l'hypothèque occulte disparaît;* en 1798, la saisine hypothécaire des biens à venir s'évanouit ; puis, par un étrange retour en arrière, le Code de 1804, moins équitable ou moins hardi, rétablit la généralité, et, s'il maintient la suppression de la clandestinité, cette atténuation est insuffisante pour compenser le poids du privilège considérable dont la loi investit le créancier qui a obtenu gain de cause devant les tribunaux.

L'art 2117 du Code civil pose le principe :

L'hypothèque judiciaire est celle qui résulte des jugements ou actes judiciaires.

L'art. 2123 le développe et le précise :

L'hypothèque judiciaire résulte des jugements soit contradictoires, soit par défaut, définitifs ou provisoires, en faveur de celui qui les a obtenus. Elle résulte aussi des reconnaissances ou vérifications faites en jugement des signatures apposées à un acte obligatoire sous seing privé.

Elle peut s'exercer sur les immeubles actuels du débiteur et sur ceux qu'il pourra acquérir, sauf les modifications de la loi.

Les décisions arbitrales n'emportent hypothèque qu'autant qu'elles sont revêtues de l'ordonnance judiciaire d'exécution.

L'hypothèque ne peut pareillement résulter des jugements rendus en pays étranger qu'autant qu'ils ont été déclarés exécutoires par un tribunal français.

Les orateurs chargés de proposer le titre XVIII du Code civil à l'approbation de la législature, donnèrent à l'appui des textes qui maintenaient l'hypothèque judiciaire et déterminaient ses effets les motifs ci-après :

Les jugements ont un caractère qui ne permet pas de leur accorder moins d'effet qu'à des contrats authentiques ; voilà l'hypothèque judiciaire. Elle doit acquérir la publicité par l'inscription ; aucun motif raisonnable ne sollicite d'exception pour elle ; mais il est juste que celui qui a obtenu une condamnation puisse prendre son inscription sur chacun des immeubles appartenant au condamné, même sur ceux qu'il pourra acquérir, s'il en a besoin pour l'exécution totale de la condamnation qu'il a obtenue. (1)

L'hypothèque judiciaire est plus gênante pour le débiteur que l'hypothèque conventionnelle ou spéciale. Mais pourquoi? C'est qu'il a à s'imputer de n'avoir pas satisfait à un engagement qui a pu naître sans convention, ou de l'avoir contracté par un acte sous signature privée qui, étant devenu authentique par la reconnaissance ou par un jugement de condamnation, a produit une hypothèque de cette nature. Le créancier a dû compter sur l'acquittement de sa créance, et il n'a pu seul, et sans une convention à laquelle le débiteur aurait dû nécessairement concourir, amener une spécialité d'hypothèque. Le débiteur ne peut se plaindre d'une position dans laquelle il s'est lui-même placé. (2)

Le caractère dominant de l'hypothèque judiciaire, *exorbitant*, pourrait-on dire, s'il n'était indiscret de critiquer trop vivement la loi de son pays, c'est qu'elle frappe *sur tous les biens présents et à venir*, et que tout ce qui entrera dans le domaine du débiteur y est soumis. Elle partage cette faveur avec l'hypothèque légale et sans y avoir les mêmes titres.

La manière dont le droit hypothécaire, qui résulte des jugements et actes judiciaires, se manifeste *par l'inscription*, est réglée dans l'art. 2148 sur les énonciations des bordereaux. La disposition finale de cet article déroge aux conditions exigées de l'inscription des hypothèques conventionnelles pour la désignation des biens grevés, et assimile l'hypothèque judiciaire à l'hypothèque légale, quant à ses effets immédiats, en disposant qu'à *défaut de convention, une seule inscription frappe tous les immeubles compris dans l'arrondissement du bureau.*

La loi, en accordant à l'hypothèque judiciaire comme à l'hypothèque légale le privilége de la *généralité*, a voulu cependant atténuer les abus qui pouvaient résulter de ce principe et a prévu les cas où l'hypothèque générale devait être ramenée à la *spécialité*. Le deuxième alinéa de l'art. 2123 contient cette réserve qui est définie, quant aux espèces d'application, par les art. 2161, 2162 et 2165, déterminant les règles de la réduction. De plus, la

(1) TREILLARD, *Exposé des motifs au Corps législatif*, § 6.
(2) GRENIER, *Rapport au Tribunat*, §§ 50 à 52.

loi *sur les aliénés*, du 30 juin 1838, précise les garanties hypothécaires dont peuvent être tenus *les administrateurs provisoires*
nommés par le tribunal à des individus, non interdits, placés
dans des établissements publics ou privés d'aliénés, et autorise
le tribunal à fixer la nature et le chiffre de l'inscription à
prendre.

Le système français de l'hypothèque judiciaire se résume par
conséquent en ces six articles : l'art. 2117 qui crée l'hypothèque,
l'art. 2123 qui la définit, l'art. 2161 qui la modère, l'art. 2148 qui
en règle le mode d'inscription, les art. 2162 et 2165 qui déterminent la procédure d'appréciation des inscriptions excessives.
Cet ensemble se complète par la loi de 1807, atténuant les inconvénients de la seconde partie du premier alinéa de l'art. 2123,
de même que l'art. 2161 atténue les conséquences du deuxième
alinéa en ce qu'elles pourraient avoir d'exagéré.

Enfin, les termes généraux de la disposition finale de
l'art. 2123, en ce qui concerne *les jugements rendus en pays
étranger*, trouvent leur interprétation dans l'art. 546 du Code
de procédure civile où il est dit :

Les jugements rendus *par les tribunaux étrangers*, et les actes reçus
par les officiers étrangers, ne seront susceptibles d'exécution en France
que de la manière et dans les cas prévus par les art. 2123 et 2128 du Code
civil.

Cette limitation avait une extrême importance en raison des
sentences rendues, à l'étranger, par la juridiction toute française,
toute nationale de nos consuls.

La simplicité apparente de l'art. 2117 se trouve donc singulièrement contredite par la conférence forcée de ces différents
textes dont la combinaison forme, à vrai dire, le code spécial de
l'hypothèque judiciaire, commenté lui-même par de nombreux
arrêts de la cour suprême et les avis du conseil d'État. (1)

(1) Cette jurisprudence, *étant supposée connue*, a été supprimée du présent traité
comme le conseillait le rapport du 2 août 1880 sur le concours Rossi ; il faut remarquer, toutefois, que le relevé de toutes les décisions interprétatives de l'art. 2123 constituait un travail neuf, utile à consulter, et qui ne pouvait être mené à fin qu'avec
beaucoup de ténacité et de patience.

CHAPITRE II

LÉGISLATION COMPARÉE DES DIVERS ÉTATS CIVILISÉS AU POINT DE VUE SPÉCIAL DE L'HYPOTHÈQUE JUDICIAIRE

onsidérations générales sur les principes de concordance.

Après avoir passé rapidement en revue, dans la première artie de ce travail, les origines historiques du droit hypothé- aire et ses changements sous l'influence des mœurs et du rogrès social, nous avons pu dégager de cet ensemble l'histo- ique particulier de l'hypothèque judiciaire et, après avoir ndiqué ses précédents dans le droit romain, ses sources dans le roit coutumier, son introduction au XVIᵉ siècle dans la légis- ation française, nous avons développé avec détails les carac- ères que lui imprimèrent successivement le droit intermédiaire t le code de 1804, en coordonnant les textes législatifs actuel- ement en vigueur, les commentaires de la jurisprudence et les pplications diverses de la pratique quotidienne.

Il nous reste à examiner les différents systèmes hypothécaires es pays étrangers en ce qui concerne spécialement l'hypo- hèque judiciaire, à les comparer au système français, et à éunir les critiques adressées à l'hypothèque judiciaire, tant en rance qu'à l'étranger.

S'il est, en effet, un moyen rationnel d'améliorer notre légis- ation sur cette partie du droit civil, c'est certainement en nous dressant à l'expérience et au bon sens universels, en cherchant e quelle manière ce sujet est traité dans les autres pays, quelles modifications on a apportées à nos propres lois, ou par quels rocédés on y a suppléé.

C'est par la comparaison et le rapprochement des lois entre lles, en les envisageant sous un aspect et des points de vue ifférents, souvent opposés, que la science du droit devient à la ois plus certaine et plus philosophique.

L'œuvre est difficile, elle a été inaugurée avec succès, en 847, par un magistrat de grand mérite qui put rassembler de nombreux et de précieux documents, grâce à l'appui du garde des sceaux et à la collaboration quasi officielle des agents du ministère des affaires étrangères (1). Malgré ce secours puissant et prolongé, l'auteur avoue qu'il a dû souvent se contenter d'idées générales et de notions fort incomplètes. Nous n'avions pas le bénéfice de la correspondance officielle ; réduit à nos propres ressources, mais aidé par de fidèles amitiés, il nous a été permis toutefois de recevoir des renseignements et des appréciations qui tirent une valeur considérable des magistrats éminents, des savants illustres, des professeurs célèbres qui les ont signés. Le nom de nos correspondants, leur situation à l'étranger, donneront un prix particulier à ces indications qui, si elles n'embrassent pas toutes les contrées de l'Europe, mais seulement celles où la législation hypothécaire, sur le point spécial qui nous occupe, offre des analogies ou des dissemblances marquées avec nos lois françaises, rachèteront ce léger défaut par leur actualité et leur précision.

Il en est des discussions juridiques comme des études statistiques ; un fait bien observé, quelques chiffres exacts ont plus d'utilité que des dissertations qui n'apportent pas leurs preuves avec elles ou que des calculs infinis basés sur des moyennes. Disserter sans citer un texte, c'est apporter le dispositif d'un arrêt sans l'éclairer au préalable par l'exposé des faits de la cause et l'énoncé des motifs ; les hommes de pratique nous comprendront.

Longtemps l'Europe a été partagée, au point de vue hypothécaire, entre deux systèmes opposés dérivant l'un du droit romain, la clandestinité de l'hypothèque, l'autre du droit germanique, la publicité.

Grâce à l'influence du code Napoléon, imposé ou adopté au commencement du siècle chez la plupart des peuples de race latine, et dont le régime mixte conciliait en les atténuant les inconvénients des deux systèmes, le droit romain a disparu. La

(1) Anthoine DE SAINT JOSEPH. *Concordance entre les lois hypothécaires étrangères et françaises*, in-4º, Paris, 1847.

lutte est aujourd'hui entre la publicité absolue des Allemands et la publicité restreinte des Français. Ce fait impose la méthode qui doit présider à l'examen et à l'étude des législations comparées ; il convient de rechercher d'abord les législations qui sont étrangères à ces deux types contradictoires, c'est-à-dire qui possèdent des procédés juridiques particuliers et sans analogie avec le système allemand ou la théorie française ; il faut ensuite étudier les lois des pays qui ont maintenu la doctrine absolue de publicité et de spécialité, c'est-à-dire le groupe qu'on désigne sous le nom d'allemand ; enfin, en dernier lieu, les lois des contrées qui, mieux disposées par le voisinage, ou par l'origine commune, c't par des mœurs semblables, par des influences sympathiquement recherchées, ont accepté ou conservé le code - civil français, tout en le modifiant, ou même, dans la révision de leurs propres lois, lui ont emprunté ses principes et l'esprit qui en a dicté les dispositions générales. Ces trois groupes forment l'objet des trois divisions de ce travail de concordance ou plutôt de comparaison.

§ 2.

PREMIER GROUPE : TYPE ANGLO-SAXON.

I. — ANGLETERRE.

En Angleterre, la propriété rurale n'est point démocratisée comme en France. L'accroissement de la richesse publique, qui concentre la fortune mobilière en un petit nombre de mains, le droit d'aînesse qui ramène le revenu foncier à la souche héréditaire, contribuent à y diminuer le nombre des petits domaines. La propriété foncière, les maisons à part, appartient à environ 300,000 individus ; sur ce nombre, quelques centaines de

Landlords possèdent des domaines dont la superficie moyenne dépasse 6000 hectares ; les exploitations moyennes varient de 300 à 1200 hectares ; les plus restreintes comptent au moins 30 hectares. La nécessité d'un crédit hypothécaire bien organisé ne s'est pas fait sentir dans un pays qui compte si peu de propriétaires fonciers proportionnellement à sa population, chez un peuple où l'activité industrielle et commerciale domine l'existence et où le crédit personnel l'emporte sur tous les autres.

Les deux principales causes du droit de suite contre les débiteurs et du droit de préférence entre les créanciers, se classent sous le nom de privilége et de mort-gage.

Le *mort-gage* est une sorte de vente à réméré ; c'est l'affectation d'un immeuble à la garautie du payement d'une dette par le transfert provisoire au créancier de la propriété de cet immeuble sous la condition que, si le débiteur paye au terme convenu, il rentrera dans sa propriété. Faute de libération à l'échéance, l'immeuble est définitivement acquis au créancier *mortgagiste*, sauf la faculté pour le débiteur *mortgageur* de demander aux cours d'équité le bénéfice d'une prorogation de délai (*équité de rédemption*). Lors du payement de la dette, il faut un acte de rétrocession pour anéantir l'effet du mort-gage, sauf la présomption de péremption par un long temps.

Quant à ce qui se rapproche le plus de l'hypothèque dans notre législation, c'est-à-dire à la saisine d'un domaine par voie judiciaire, il est inexact de dire, comme l'ont fait la plupart des auteurs qui ont traité ce sujet, que cette saisine éventuelle constitue une véritable hypothèque judiciaire dans le sens de celle du code civil français. Tout créancier, *porteur d'un jugement de condamnation*, acquiert une sorte de privilége sur tous les immeubles que possède actuellement son débiteur et sur tous ceux qui pourront lui écheoir par la suite, à partir de l'inscription de ce jugement sur un registre public qui est tenu à cet effet, pour tout le royaume, à la cour des plaids-communs, à Westminster. Toutefois, le privilége n'est définitivement acquis qu'un an après l'inscription, à moins que la faillite du débiteur ne soit déclarée dans l'intervalle.

Le créancier judiciaire qui a obtenu du tribunal un ordre d'exécution (*writ of execution*) acquiert, à partir du jour où il a remis cet ordre au Shériff, un droit de préférence sur les meubles du débiteur.

Sauf le privilége résultant de décisions judiciaires, tous ceux qu'admet la loi anglaise existent et se conservent sans être tenus à l'inscription, publication ou notification, de quelque manière qIe ce soit.

Il résulte de la combinaison des textes anglais et des conséquences légales que produit leur application, que le crédit foncier y est fort limité par le mort-gage et le droit de saisine, et qu'un propriétaire déjà grevé de dettes, même dans des proportions médiocres, trouve difficilement à contracter de nouveaux emprunts, à moins qu'il n'adopte une combinaison de nature à amortir sa dette primiti

Sir Fitz Roy Kelly (1), a bien voulu résumer pour nous cette situation légale du débiteur anglais dans une note dont voici la traduction textuelle. (2)

Par la loi d'Angleterre, telle qu'elle résulte d'un vieux statut, le 13e du roi Édouard Ier, au chapitre XVIII, le créancier d'un propriétaire de maisons ou biens-fonds, qui a obtenu un jugement contre son débiteur, peut réclamer du tribunal qui a rendu la sentence un ordre d'exécution appelé *writ of elegit* (ordre qui autorise *le choix*). Cet ordre est remis au *shériff* du comté où sont situés les biens que le créancier *a choisis* pour être le gage de sa créance. Il est mis en possession des immeubles jusqu'à ce que le débiteur ait payé sa dette en capital, intérêts et frais. Si ce payement n'a pas eu lieu dans le délai, habituellement très court, fixé par les termes du jugement ou la pratique de la cour, le créancier a le droit de faire vendre les biens de son débiteur et de se faire rembourser sur le prix du montant de sa créance et de tous les frais de poursuite.

Le texte des statuts sur cette matière et toutes les règles d'exécution sont réunis, d'une façon claire et concise, dans le Dictionnaire des lois de Wharton. (*In Whartons' Law Lexicon. 6th edition, of 1876, under the head : Elegit, 335.*)

La jurisprudence qui concerne les *writs of elegit* est établie par de

<hr>

(1) *Lord chief Baron of England*, dont la haute compétence et le rang illustre sont connus et à la mémoire duquel nous devons rendre cet hommage de respectueuse gratitude.

(2) Communication du 16 février 1880.

nombreux règlements et plusieurs actes du Parlement; mais les principes de la loi n'ont pas été modifiés et demeurent encore aujourd'hui ce qu'ils étaient sur ce sujet aux temps d'Édouard Ier.

Les Anglais, dont la marine marchande tient encore la première place dans le monde, ont organisé récemment le crédit maritime, malgré leur respect souvent excessif pour les vieilles lois et la prudence mesurée avec laquelle ils touchent aux pierres même les plus vermoulues de leur édifice social. L'*act* du 10 août 1854, en 548 articles, intitulé : *Merchant Shipping act*, organise (art. 66 et suivants) le *mort-gage naval* ou mise en gage conventionnelle des navires. Le *mort-gage*, qui n'était à l'origine, même pour les navires, qu'une vente à réméré bien caractérisée, est devenue dans la jurisprudence des cours d'équité, et spécialement en ce qui concerne les navires, une véritable hypothèque.

Mais, *la volonté expresse et publique* des parties demeurant la condition première de tout *engagement* de cette nature, l'*act* de 1854 n'admet ni l'origine légale, c'est-à-dire involontaire et inconsciente de la nouvelle hypothèque navale, *ni son origine judiciaire*, c'est-à-dire forcée, et réserve uniquement le droit de gage des navires à la convention écrite et expresse intervenue entre l'armateur et un capitaliste ou un affréteur.

Les articles 757 et 781 de la loi commerciale de l'empire d'Allemagne admettent, de plus que la loi anglaise, les créances privilégiées sur le navire, créances qui priment toutes les autres et même les droits des créanciers gagistes. La loi particulière de Prusse (*Landrecht*) admet et organise le gage ou hypothèque des navires, et l'article 59 du code commercial réglemente à nouveau ce droit hypothécaire spécial, sous forme de nantissement, et en ordonne la publicité au moyen d'inscriptions sur des registres maritimes. Ces textes révisés ont été votés en 1871 malgré les protestations de la conférence de Hambourg qui, en 1868, taxait ces précautions légales d'entreprises indignes, de nature à compromettre la sincérité du crédit allemand.

Dans toutes ces dispositions, la loi ne concède pas aux sentences des tribunaux plus de force qu'aux conventions volontaires ; et le créancier qui poursuit son débiteur en justice ne jouit pas, uniquement pour cette cause, comme il le fait en France, d'un privilége qui le place en dehors et au-dessus du droit commun.

En 1872 aussi, la législation italienne, qui a tant de points de contact, dans ses origines et dans ses besoins, avec les lois françaises, admit le principe de l'*hypothèque navale*. Le mouvement d'opinion, qui se manifestait avec tant de force à l'étranger, réussit enfin à entraîner quelques esprits en France, où la question était à l'étude depuis 1865. La loi du 10 décembre 1874 organisa l'*hypothèque maritime* et, adoptant sur ce point les sages motifs des lois anglaises, allemandes et italiennes, en écarta avec soin, *dans l'intérêt du crédit commercial,* les hypothèques légales et l'*hypothèque judiciaire* (1).

II. — DANEMARK.

En Danemark, le droit civil est régi par le code de Christian V, promulgué le 15 avril 1683 et complété ou modifié depuis deux siècles par une série de textes, non coordonnés, que le jurisconsulte Rosevinge a réunis dans une vaste collection de 24 volumes. Le droit hypothécaire, mal défini, s'y résume dans l'axiome de droit naturel ; tous les biens du débiteur sont le gage de son créancier. Dans la pratique, le procédé juridique se rapproche du *mort-gage* des Anglais et du droit de saisir des Allemands, participant de l'un et de l'autre sans cependant leur emprunter rien d'exclusif.

---

(1) Le nantissement sur marchandises avait déjà été simplifié par la loi de 1858 sur les warrants, et par celle du 23 mars 1863 ; mais les navires restaient, en matière de gage, sous l'empire du Code civil ; la condition exigée par l'art. 2076 était inexécutable, en raison même de la mobilité du gage et, la plupart du temps, de sa répartition en parts. Le prêt à la grosse, autorisé par le Code de commerce, restait un palliatif insuffisant ; le prêteur n'était qu'un associé d'un genre particulier, puisqu'il courait les risques maritimes et que la perte du navire libérait l'emprunteur. (*Revue critique de législation et de jurisprudence,* II, 200.)

Le code de 1683 n'admettait pas la vente forcée aux enchères, mais uniquement ce qu'on appelait l'*adjudication possessive*, ou la mise en possession provisoire, des biens au profit du créancier transformé en administrateur légal, procédé qui n'a été conservé par la loi de 1817 que dans le cas d'insuccès des enchères.

L'*hypothèque judiciaire*, au sens de l'article 2123 du code civil français, n'existe pas dans la législation danoise, bien qu'on y donne ce nom à l'ensemble des procédures par lesquelles un créancier, *privé de gage antérieur*, demande aux tribunaux les moyens de rentrer dans sa créance.

M. Claüs Smidt, de Copenhague, a bien voulu nous adresser des renseignements détaillés, qui lui ont été fournis à cet effet par le bureau de correspondance du ministère de la justice (1) En voici le résumé:

Quand le débiteur refuse de payer son créancier ou se trouve dans l'impuissance de le faire, celui-ci, *s'il n'a pas de gage*, doit se procurer un titre d'exécution. A cet effet, il assigne son débiteur, suivant la nature et le chiffre de la dette, soit devant la commission des conciliations, soit devant le tribunal. A défaut d'accord, il est rendu un jugement.

Ce titre obtenu, le créancier requiert l'huissier de procéder à la saisie exécution. L'huissier y procède, *et donne ensuite au créancier hypothèque judiciaire sur autant de parcelles des biens saisis qu'il le juge nécessaire*, d'après l'évaluation qui en est faite pendant les opérations de la saisie, pour assurer le remboursement de la créance sur leur prix de vente.

Le décret de l'huissier, qui tire lui-même sa force du droit de saisir transféré au créancier par le jugement, garantit la priorité du droit du créancier contre tous autres actes consentis par le débiteur, contre toutes réclamations de ses créanciers même plus anciens, et contre l'éventualité d'une poursuite générale en justice.

Mais le créancier est tenu : 1° si les biens saisis sont immeubles, de les faire évaluer afin d'être garanti vis-à-vis de l'acquéreur de bonne foi; 2° s'ils sont meubles, de les faire vendre dans les trois mois, afin de ne point être attaqué par les autres créanciers; 3° si ce sont des créances, de signifier la saisie au débiteur du titre afin qu'il ne s'acquitte pas dans les mains du saisi.

Si le créancier qui a obtenu un titre judiciaire d'exécution ne veut pas employer le moyen de la saisie des immeubles, il peut encore se faire payer : 1° par la saisie-arrêt des valeurs, créances et revenus; 2° par l'encaissement de ces valeurs suivant leur cote officielle; 3° par l'acqui-

(1) Lettre du 20 février 1880.

sition des immeubles, à titre de préférence, au moyen de *lettres d'achat*, pour un prix supérieur à celui que produit la vente forcée.

La prise de corps en matière civile a été abolie par la loi du 6 avril 1842, mais le saisi est tenu, à peine de six mois de prison, de déclarer le nombre, la situation, la consistance et la valeur de ses biens de toute nature (art. 167 de la loi du 25 mars 1873). Le créancier ne peut exercer le droit de saisir ni provoquer la vente forcée des biens de son débiteur, *qu'après avoir fourni caution*, pour le cas où son titre serait reconnu irrégulier ou sa poursuite abusive.

Le code de Christian V a été complété ou révisé par les lois ci-après, en ce qui concerne le régime hypothécaire, *c'est-à-dire la garantie des dettes par la propriété des immeubles* :

Loi du 22 avril 1817, autorisant l'adjudication provisoire au profit du créancier, dans le cas où un essai de vente forcée n'aurait pas produit de résultat ;

Loi du 6 août 1824, concernant les dettes d'une importance médiocre, simplifiant les formes et réduisant les frais ;

Loi du 18 mai 1825, sur le payement des lettres de change et autres billets de commerce ;

Loi du 25 janvier 1828, sur la procédure sommaire, devant les tribunaux du premier degré ;

Loi du 19 février 1861, sur la procédure devant les tribunaux maritimes et de commerce, (premier essai d'une réforme tendant à remplacer la procédure écrite, lente et coûteuse, par une *procédure verbale*).

Loi du 25 mai 1872, sur le concours des créanciers entre eux, dont les articles 157 et 158 de la section 2ᵉ et 160 à 169 du chapitre 18, section 3ᵉ, traitent particulièrement *de l'hypothèque judiciaire danoise*, ou droit de saisir ;

Loi du 29 mars 1873, sur la saisie-exécution, qui établit une procédure rapide et peu coûteuse au profit du créancier qui s'était, par la convention, *assuré un nantissement* (1).

(1) Les jurisconsultes danois, dont les travaux résument la jurisprudence hypothécaire contemporaine de ce pays, sont ceux ci-après :
LARSEN. *Du Droit civil en Danemark*, édition de 1857, tome I, section III. — GRAM.

III. — SUÈDE ET NORWÈGE.

La Suède et la Norwège, quoique réunies sous une même couronne, possèdent des administrations tout-à-fait indépendantes l'une de l'autre et deux législations parallèles. Elles se rendent volontairement étrangères à ce point qu'un jugement suédois, exécutoire en Danemark et même en Allemagne, au moyen d'une simple formalité de visa, ne peut l'être en Norwège qu'à la condition d'une révision approfondie, qui nécessite une nouvelle instance. Les renseignements qui suivent sont spéciaux au royaume de Suède.

L'hypothèque judiciaire n'existe pas. La loi suédoise ne connaît ni le mot, ni la chose; elle admet des priviléges ou droits de priorité, énumérés au chapitre XVII du code civil (1) de 1734. Le mot d'hypothèque a son équivalent dans l'expression *inteckning* (analogue à l'*eintragung* des Allemands) et qui signifie proprement *inscription*.

Toutes les conventions de la vie civile peuvent être rédigées par écrits privés sans qu'il soit nécessaire de recourir à l'intermédiaire d'un officier public, notaire, bailli, procureur, avocat ou autre, sauf dans des cas déterminés et assez rares.

L'individu qui a prêté des fonds et qui possède une créance quelconque, lorsque l'échéance est arrivée et qu'il n'est pas payé se présente devant *le représentant du roi*, c'est-à-dire le gouverneur de la province ou préfet du département pour les villages, le bourgmestre dans les villes. Si l'écrit n'est pas contestable, le débiteur est ajourné pour s'expliquer, par les soins du créancier; s'il ne se présente pas, on prononce en son absence.

Du Droit sur les biens réels, édition de 1855. — W. Nellemann. *Traité des saisies et du concours*, 1869 et 1871. — Aagesen (feu le professeur). *Leçons sur le Droit réel danois*, 1872 à 1879. — H. Matzen. *Leçons sur le Droit réel et l'Hypothèque judiciaire*, 1878.

(1) Le code des lois suédoises, publié en 1734, s'appelle *la loi du royaume de Suède* et se subdivise en plusieurs parties qui sont : code du mariage, code de l'héritage, code foncier, code rural, code de commerce, code pénal, code de procédure.

L'effet de la décision (sauf opposition en cas de défaut) est de rendre le titre exécutoire, par voie de saisie.

Si le débiteur ajourné conteste le titre ou nie sa signature, ou si le créancier ne possède pas d'écrit formant titre de créance; il est obligé de citer son débiteur devant le tribunal. Le jugement donne au créancier le droit de saisir, même par provision, mais dans ce cas, à la charge de fournir caution.

La saisie a pour conséquence le droit de faire vendre les biens du débiteur, dans l'ordre suivant, *qui est celui où doit s'effectuer la saisie :* 1° les meubles; 2° *les immeubles*; 3° enfin les créances.

La vente ne peut avoir lieu que lorsque le jugement est devenu définitif. Si la saisie porte sur des immeubles, elle doit être immédiatement inscrite comme une hypothèque au *inteckning protokoll* (livre des inscriptions), faute de quoi le créancier perd son rang (1). Le droit des saisissants sur le prix à distribuer s'exerce après : 1° les priviléges; 2° les hypothèques inscrites avant lui. L'hypothèque n'a d'autre source que la convention et ne frappe que les biens présents; elle a pour règles absolues la spécialité et la publicité. Le débiteur peut consentir hypothèque, même par billet privé; le créancier, pour exercer son droit hypothécaire, produit son titre au tribunal du lieu de la situation des biens, en même temps que les titres de propriété de l'immeuble qui doit être grevé. Le tribunal, après examen du droit de propriété et du libre consentement du débiteur, autorise l'inscription et y fait procéder sur les registres tenus par ses soins pour chaque district. Il existe dans chaque greffe des protocoles distincts pour la juridiction contentieuse, les ventes d'immeubles, les tutelles, les inscriptions ou charges sur les immeubles.

La dernière loi sur les hypothèques est du 16 juin 1875; elle résume les règles de l'inscription conventionnelle sur les immeubles. La loi du 10 août 1877 réglemente la procédure d'exécution; dans ces derniers textes, le législateur suédois se

---

(1) Un second livre appelé *Inteckningsbok* sert à faciliter les recherches sur les biens grevés. (Ordonn. royale du 14 septembre 1877.)

rapproche des systèmes allemands. Une ordonnance royale du 20 novembre 1845, sur les ventes de meubles que l'acquéreur laisse provisoirement en la possession du vendeur, a été interprétée par la pratique de telle façon qu'aujourd'hui, détournée de son sens primitif, elle sert à simuler des ventes de meubles (1) par l'emploi du contrat de gage, dépouillé de la condition légale de la tradition (2).

IV. — RUSSIE.

La Russie subit à notre époque des convulsions qui rendent difficile la tâche de faire connaître ses institutions actuelles; le grand courant libéral et réformateur qui marquera pour la postérité le gouvernement de l'empereur Alexandre II, semble à tout instant contrarié par des réactions, des retours en arrière que n'expliquent que trop les surprises des évènements. La grande réforme de 1864 subsiste toutefois avec sa largeur de vues et ses généreuses hardiesses dans un pays qui n'est encore débarrassé ni de l'humiliation du servage ni de la tyrannie bureaucratique.

La transformation de la propriété territoriale par l'abolition théorique du servage provoquera, à bref délai, dans ce pays, la réforme de la loi civile. Au point de vue hypothécaire, les lois russes sont sobres de règles, et leurs principes ne sont autres que ceux du droit naturel, analogues à ceux du droit saxon des Anglais, et sans la complication raisonnée que le droit germanique y a introduite dans l'intérêt du crédit foncier.

Toute la législation russe en matière hypothécaire se trouve contenue dans les 66 articles (nᵒˢ 1587 à 1683) du tome X du corps

_____

(1) Ces ventes fictives, très fréquentes en Suède, ont pour but de soustraire aux agents du fisc le mobilier des paysans très enclins à violer la loi qui défend, sous peine de fortes amendes, la distillation de l'eau-de-vie de grains.

(2) Ces renseignements nous ont été fournis par M. Carl Montan, de l'Université d'Upsal, et par M. le colonel Staaff, attaché militaire à la légation de Suède à Paris.

des lois russes (édition révisée en 1857). Quelques modifications de détail y ont été apportées, particulièrement en ce qui concerne la procédure, par des lois d'expédient publiées en 1863, 1868, 1869 et 1871, mais qui n'affectent pas les principes et n'ont point réformé la pratique traditionnelle et élémentaire du droit russe pour ce qui concerne les engagements immobiliers et l'exécution, sur les immeubles, des obligations du débiteur.

L'hypothèque judiciaire, au sens de l'article 2123 du code français, n'existe pas en Russie. Le créancier par jugement exerce ses droits comme les autres créanciers munis de titres authentiques ou privés, par une action personnelle et directe sur les biens que possède le débiteur. Le droit de saisir ou la saisie-arrêt judiciaire (*zapréchtchénié*) n'est autre chose que l'hypothèque forcée ; la saisie-arrêt est autorisée par le tribunal civil, dans les limites que comporte l'importance de la dette ; elle peut englober l'universalité des biens, le plus souvent elle ne frappe que tel ou tel immeuble désigné par le juge.

Il n'y a pas de priorité dans l'ordre des hypothèques ; toutes concourent au marc le franc, dans la distribution du prix des biens saisis (1).

§ 3.

DEUXIÈME GROUPE : SYSTÈMES ALLEMANDS.

I.—Considérations générales sur la constitution territoriale des nations germaniques.

Montesquieu a dit : Les lois doivent être tellement propres au peuple pour lequel elles sont faites, que c'est un très grand hasard, si celles d'une nation peuvent convenir à une autre.

(1) Renseignements fournis par M. le Consul général de France à Saint-Pétersbourg. (Lettre du 11 mars 1880.)

Cette réflexion s'applique au droit hypothécaire, et particulièrement à l'adaptation souvent proposée du droit hypothécaire allemand à la France.

En Allemagne, le régime des corporations communales eut le même intérêt que le régime féodal à favoriser la publicité des droits réels et hypothécaires ; de là, la persistance du système dans cette partie de l'Europe.

Le principe germanique dans toute sa simplicité consiste en ceci, que chaque propriété, avec tous les droits qui la grèvent ou l'augmentent, possède un compte ouvert dans un registre public. Un cadastre, présentant une délimitation exacte et rigoureuse de tous les immeubles et de leurs morcellements successifs, continuellement tenu au courant de l'état matériel des fonds, est la base des registres des droits réels et du droit hypothécaire.

Il n'y a pas d'hypothèques judiciaires, parce que toutes le sont. Avant d'être inscrit, le titre est vérifié par un tribunal, ou une chambre hypothécaire, ou une corporation communale. Le fonctionnaire chargé de la tenue du registre n'a qu'un rôle passif, c'est l'archiviste terrier.

Le système germanique est enraciné depuis des siècles ; il convient aux pays d'outre Rhin, parceque le sol y est peu divisé ; les propriétés forment un tout compact, portant un nom distinct ; les traditions féodales s'y maintiennent ; la loi civile s'oppose au partage. Dans certaines contrées, un domaine seigneurial, indivisible et substitué, contient jusqu'à cent fermes amodiées à autant de familles rurales. Ailleurs, où le colonat héréditaire a procuré aux ruraux les avantages de la propriété en échange des prestations fixées par des règles légales, on a frappé d'indivisibilité les parcelles territoriales dont on a jugé l'amoindrissement incompatible avec l'intérêt public. Le sol ne se morcelle que par exception, et, quand il se subdivise, ce n'est que par fragments considérables et dont le moindre suffirait à constituer, en France, ce que nous appelons un domaine de grande culture. De telles conditions sociales et politiques sont éminemment favorables à la pratique un système qui, au contraire de nos procédés, fait de chaque fraction du sol une sorte de personne morale, immuable, possédant une individualité, une valeur légale, personnelle.

Les mutations de propriété ne sont plus que des accidents, chaque propriétaire successif n'étant considéré, en forçant un peu le sens habituel de cette expression, que comme un simple usufruitier qui disparaît à tour de rôle alors que le sol, quéls que soient les événements, les combinaisons qui s'agitent autour de lui, se maintient dans son intégrité primitive. Dans les pays de race latine, c'est autour de l'homme que viennent se grouper tous les accidents de la vie sociale et de la vie civile; le droit de propriété et les différentes manifestations de la fortune n'étant que les accessoires de l'initiative et de la volonté de l'individu. Chez les peuples de souche germanique, c'est l'inverse; le sol est tout, *l'homme est l'accident.*

Les lois hypothécaires actuellement en vigueur dans le groupe allemand sont, dans l'ordre des dates, celles ci-après : Prusse, 1783-1794; Autriche, 1811; Oldenbourg, 1814; Pologne, 1818-1825; Bavière, 1822; Wurtemberg, 1825; Genève, 1827-1851; Berne, 1831; Hesse, 1832; Brême, 1833; Fribourg, 1834; Hanovre, 1834; Lauenbourg, 1836; Hongrie, 1842; Saxe, 1843; Soleure, 1845; etc. Ce rapprochement suffit à prouver combien le mouvement d'opinion qui réclamait des garanties pour le crédit foncier, était universel, de 1815 à 1850, et de quelle puissance est l'exemple en matière de droit commun, lorsque le courant des réformes devient en quelque sorte international.

II. — AUTRICHE.

En Autriche, la législation repose sur le principe absolu de la publicité imposée comme condition essentielle de toute mutation de propriété ou de droits réels.

M. le docteur Newmann, professeur à l'université de Vienne

et avocat de la Cour, termine ainsi la notice qu'il a bien voulu nous envoyer (1) :

Par conséquent, il n'existe pas en Autriche d'hypothèque *attaquant ainsi à l'improviste toute la fortune actuelle et future d'un débiteur;* nous n'avons ni l'hypothèque générale ni l'hypothèque judiciaire. Les titres constitutifs d'hypothèques résultent, d'après l'art. 449 du code de 1811, de la loi, des contrats, des testaments, *des jugements.* Les hypothèques sont spéciales; la promesse de donner un gage ou hypothèque n'équivaut pas à hypothèque (art. 1368).

Celui qui a dans les mains les preuves d'une obligation dont on lui refuse l'exécution peut demander au tribunal de constater la légitimité de sa demande et de lui accorder *le droit de saisir;* on appelle cela l'exécutive (*Pfandrecht*).

Cette saisie est rendue publique, pour les meubles par un acte d'huissier, pour les immeubles par une inscription au *Grundbuch.* Pour pouvoir vous donner une réponse à la fois brève et précise, comme vous la demandiez, j'ai prié mon savant collègue, M. le professeur Exrer, de rédiger la note qui précède. Il l'a fait avec d'autant plus de compétence qu'il est l'auteur d'un excellent livre sur cette matière, intitulé : *La spécialité de l'hypothèque.*

III. — BAVIÈRE.

En Bavière, le droit hypothécaire est régi par le code de 1756, révisé le 1ᵉʳ juin 1822. L'hypothèque résulte de la loi, ou d'un testament, ou d'un contrat authentique. L'hypothèque n'est acquise que par l'inscription, après avertissement au débiteur. L'art. 12 met au nombre des hypothèques que confère la loi, sans qu'il soit besoin du consentement du débiteur pour prendre inscription sur ses biens : *tout créancier pour les créances judiciaires qui peuvent recevoir leur exécution sur le débiteur.* L'inscription doit être spéciale et précise.

Ainsi, d'après le code bavarois, l'hypothèque judiciaire *n'est qu'une des variétés de l'hypothèque légale* (2).

(1) Lettre du 23 décembre 1879.

(2) Dans la Bavière-Rhénane, le code civil français, resté en vigueur depuis l'annexion, fut révisé en 1837 et 1849, spécialement quant aux effets de la transcription. On maintint les hypothèques légales et *judiciaires.*

L'existence de l'hypothèque nécessite deux éléments : le titre et l'inscription. Le titre par lui seul ne confère pas l'hypothèque et donne seulement le droit de l'acquérir en remplissant les formalités prévues.

L'hypothèque ne vaut que par l'inscription. Elle est, en principe, générale, sauf les cas où elle est limitée par la loi ou la convention.

Le débiteur peut demander que l'hypothèque légale ne soit inscrite que sur une partie de ses biens, à la condition que leur valeur vénale dépasse d'un tiers le montant de la créance garantie. L'inscription ne peut avoir lieu que pour une somme déterminée et sur des immeubles spécialement désignés.

L'hypothèque ne prend rang que du jour de l'inscription ; on ne peut inscrire sans en avoir préalablement averti le débiteur.

IV. — PRUSSE.

M. le docteur Windscheid, professeur à l'Université de Leipsick, et son collègue, M. le docteur Müller, professeur de droit saxon, résument ainsi leurs opinions dans une note collective (1) dont nous les remercions.

Notre législation ne connaît ni les *hypothèques judiciaires* ni les hypothèques légales au sens du code Napoléon. Notre système, sévèrement exécuté, se base sur la publicité du *Grundbuch* et la spécialité de l'hypothèque.

L'hypothèque ou *le droit à saisir* se constate uniquement par l'inscription (*Eintragung*); cette inscription suppose un fait légitime et préexistant conférant à celui qui requiert l'inscription un droit précis et actuel sur la fortune immobilière de son débiteur (2). L'hypothèque inscrite conformément à l'ordre du magistrat ne frappe que le bien-fonds désigné au folio du livre-terrier (*Grundbuch*) où elle est mentionnée.

(1) Lettres du 15 décembre 1879.

(2) *Burgerliches Gesetzbuch* (Livre de législation), § 387. — *Reallasten.* 44. n° 1.

Nous ne connaissons donc pas ici l'*hypothèque sur tous les biens présents et à venir du débiteur*, pas plus que l'hypothèque générale ou l'hypothèque légale qui serait universelle.

Une décision judiciaire ne donne de droit à l'inscription de l'hypothèque que dans les cas ci-après énumérés :

Lorsqu'une procédure d'exécution, poursuivie dans les formes légales, a pour objet une dette exigible, dont l'échéance est arrivée sans que le payement ait eu lieu (B. G. § 394). C'est l'ensemble des cas les plus habituels prévus par votre article 2123.

Lorsqu'à la suite d'une demande en garantie, le tribunal autorise l'hypothèque et condamne le débiteur à la subir.

Lorsque, en matière de partage, le juge ordonne à celui des colicitants qui détient l'immeuble de subir une hypothèque jusqu'après que les ayants droit aient été désintéressés. (§ 395.)

L'hypothèque produite par une sentence du juge n'est donc, dans notre législation, que la conséquence d'un droit antérieur, que la condamnation à garantir par voie directe et personnelle une dette échue (littéralement *mûre à exécuter*). Mais le créancier a la faculté d'user de son droit d'inscription simultanément sur plusieurs biens-fonds, ou successivement sur ceux que son débiteur acquiert par la suite, soit que les biens présents aient été insuffisants, soit que la créance ait grossi (§ 396) à la seule condition que le débiteur y ait consenti ou que le juge l'ait ordonné.

V. — SUISSE ALLEMANDE.

La Suisse allemande se conforme à des règles semblables. Dans tous ces pays *de spécialité absolue*, il n'y a point d'hypothèques judiciaires, quoi qu'on ait dit dans une formule dont le sens juridique n'est pas absolu, *que toutes l'étaient* en raison de ce principe que nulle hypothèque ne peut y être prise par le créancier, mais uniquement par les tribunaux ou les autorités hypothécaires d'une compétence spéciale qui, après l'examen attentif du titre, autorisent l'inscription ou la requièrent eux-mêmes.

Dans le canton de Fribourg, la loi assimile l'hypothèque judiciaire à la saisie de l'immeuble; dans le canton de Soleure, une même créance ne peut grever plusieurs immeubles que si elle est elle-même préalablement divisée et répartie. A Bâle, l'art. 100 de l'ordonnance du 20 mai 1813 (reproduit dans les révisions des 17 mai 1823, 2 février 1835 et 2 avril 1838), déclare que toute obligation, tout engagement hypothécaire doit désigner spécialement et séparément des immeubles certains et déterminés, et que toute affectation d'hypothèque générale ne vaut que comme créance chirographaire. A Berne, l'hypothèque s'appelle *le droit de saisir*, si la dette est échue, si la créance est liquidée, si le gage est certain.

La loi de Fribourg, dans sa précision, peut nous servir de type pour apprécier les législations analogues des différents cantons de la Suisse allemande. En voici le texte (1).

Art. 3. — L'hypothèque est ou légale ou conventionnelle, ou constituée à titre gratuit (2), ou *judiciaire*.

Art. 7. — L'*hypothèque judiciaire* est celle qui est obtenue par la *saisie spéciale d'un immeuble* opérée dans les formes prescrites par la loi sur les poursuites juridiques.

Art. 11. — L'hypothèque judiciaire obtenue par la saisie spéciale vaut contre le débiteur par le seul effet de la saisie ; mais, pour valoir contre la tierce personne, elle doit pareillement être inscrite au contrôle des hypothèques.

VI. — WURTEMBERG.

M. F. Bartholomaei, président de la cour de justice du Wurtemberg, (*Landesgerichts-Président*) a bien voulu nous envoyer le résumé sommaire des principes de la législation fédérale actuelle, en matière hypothécaire, pour la Prusse, la Bavière et le Wurtemberg. Voici la traduction exacte de cette note (3).

(1) Loi sur les hypothèques, édictée par le grand-conseil du canton de Fribourg, le 28 juin 1832.

(2) L'hypothèque constituée à titre gratuit n'est qu'une des formes de nos donations entre-vifs ; elle participe également de l'*hypothèque testamentaire* admise par certaines législations étrangères et qui a pour but d'assurer le payement du legs à titre particulier et l'exécution fidèle des dernières dispositions du constituant. C'est l'analogue de l'inscription de *séparation de patrimoines* autorisée par les articles 878 et 2111 du code civil français.

(3) Lettre datée d'Ellwangen, le 4 février 1880.

Le code de procédure civile de l'empire d'Allemagne, décrété le 30 janvier 1877, ne donne pas au créancier une hypothèque judiciaire sur les biens présents et à venir de son débiteur, dans le sens du code Napoléon, mais seulement le droit de saisir les meubles ou immeubles de ce débiteur en vertu d'un jugement définitif ou déclaré exécutoire par provision.

L'exécution sur les objets mobiliers se fait au moyen d'une saisie-gagerie qui donne au créancier un droit de nantissement. S'il n'y a pas de revendication des objets saisis par des tiers, ces objets sont vendus à la criée par l'agent officiel des ventes forcées, et le créancier est remboursé sur le prix. Les autres créanciers, non saisissants, sont payés après une procédure spéciale à laquelle le saisissant ne participe pas. Un règlement particulier détermine la saisie et la vente des valeurs industrielles, papiers de crédit, titres cotés à la Bourse.

Quant à l'exécution du jugement sur les biens immobiliers du débiteur, elle n'est point confiée au bailli comme la saisie-gagerie, mais au tribunal du district, sur la requête expresse du créancier. La procédure est réglée par les lois spéciales du pays (Prusse, Bavière, Wurtemberg, etc.). Ces lois déterminent, avec certaines différences dans les détails d'exécution, quels sont les droits qui peuvent grever les immeubles, comment, dans quelles limites, en vertu de quels titres le créancier peut être autorisé à faire inscrire sa créance dans le livre des hypothèques, et comment on procède à cette inscription.

Dans le royaume de Wurtemberg, une loi récente, du 19 avril 1879, a modifié la procédure d'exécution sur les immeubles. Le recouvrement de la créance sur les biens donnés en garantie ou hypothèque se fait par la vente forcée; si le débiteur n'est pas en même temps nu-propriétaire et qu'il ne possède que l'usufruit ou la jouissance temporaire des immeubles hypothéqués, les fruits sont mis sous sequestre ou le créancier est subrogé aux droits d'usufruit ou de jouissance du débiteur saisi. Le créancier surveille lui-même l'exécution ou le sequestre, sous la haute direction des magistrats du tribunal de district.

Dans certains cas, l'exécution de la sentence du juge est garantie soit par la saisie réelle des biens, soit même par la prise de corps. Le débiteur peut être également contraint à prêter serment qu'il n'a rien dissimulé de sa fortune ou de ses ressources; s'il refuse le serment, il peut être condamné à six mois de prison, sauf à être mis en liberté s'il se décide.

VII. — ESPAGNE.

Le docteur don Francisco Lastres, de Madrid, a bien voulu résumer à notre intention, dans un mémoire aussi solide que lumineux, l'historique de la législation espagnole sur la matière spéciale des hypothèques et son mécanisme (1).

La législation hypothécaire des Espagnols, due à de récentes réformes qui ont complètement changé les principes de l'ancienne jurisprudence, comprend :

1° La loi du 8 février 1861, révisée et refondue dans la loi hypothécaire du 21 décembre 1869, laquelle est exécutoire dans toutes les possessions espagnoles depuis 1871.

2° Les articles 892, 949, 953, 1184 et 1186 du code de procédure civile.

Ce qui est particulier à l'hypothèque résultant des jugements, est réglé par les articles 42 et suivants de la loi de 1869.

Depuis 1861, le système espagnol, supprimant les hypothèques occultes et générales, a pris pour bases la publicité et la spécialité.

L'hypothèque judiciaire, imitée du droit allemand, y présente un double et successif aspect. Au début de l'instance, le créancier qui possède un titre certain, une créance liquide et échue, peut mettre l'*embargo* sur les biens de son débiteur, au moyen des *anotaciones preventivas*, annotations préjudicielles, inscriptions de prévoyance, garantie provisoire, qui interdit au débiteur la possibilité de soustraire sa fortune aux suites du procès, soit en la dissipant, soit en la grevant. C'est l'équivalent de la prénotation germanique.

La sentence devenue définitive, le créancier possède un titre exécutoire qui lui donne le droit de transformer son *embargo* en une inscription sur les biens présents du débiteur, dans la mesure nécessaire pour assurer le payement de la dette en principal et accessoires.

L'hypothèque judiciaire espagnole se résout donc, au cours de l'instance, en une sorte de saisie-arrêt ; après l'instance, au cas de condamnation, en un droit d'inscription sur tous les biens actuels et désignés du débiteur, sauf au juge, suivant les circonstances, à restreindre ou à élargir ce droit.

---

(1) Nous remercions M. l'amiral Jaurès, ambassadeur de France, de la courtoisie avec laquelle il a bien voulu demander pour nous au docteur Lastres, avocat de l'Ambassade, les textes et les notes que nous résumons.

TROISIÈME GROUPE : SYSTÈMES FRANCO-LATINS.

I. — SOMMAIRE HISTORIQUE.

Les pays qui adoptèrent, sous l'influence des idées françaises, les principes et les systèmes de notre code civil, sont, dans l'ordre de date, ceux ci-après énumérés, au nombre de seize :
1819-1866. Le royaume de Naples ; — 1820-1866. Les duchés italiens de Parme, Modène et Guastalla ; — 1821. Le canton de Vaud ; — 1823. Le duché de Brunswick ; — 1825. La Louisiane ; — Haïti ; — 1834-1866. Rome ; — 1835. Le royaume de Grèce ; — 1836-1866. Le duché de Toscane ; — 1837-1866. L'Ile de Sardaigne ; — Le canton du Tessin ; — 1838. Le royaume de Hollande ; — 1840. Le royaume de Portugal ; — 1841. Les îles Ioniennes ; — 1843-1874. La Bolivie.

Sept autres pays s'étaient vu imposer le code de 1804, par la conquête : le Piémont, la Suisse et la Savoie, la Belgique, les provinces de la rive gauche du Rhin, (Luxembourg, Prusse, Hesse et Bavière rhénanes) ; etc. Ils le conservèrent en le modifiant : Bade en 1809, le Napolitain de 1815 à 1819, le Piémont en 1822, 1855 et 1866 ; la Bavière rhénane en 1837 et 1849, etc. Genève y substitua le système hypothécaire allemand, dès 1827. Les annexions et groupements politiques effectués surtout de 1860 à 1871 ont simplifié l'unification des lois par contrée et par nationalité.

II. — BELGIQUE.

La Belgique était autrefois l'un de ces pays *de nantissement* où le régime hypothécaire était dominé par le principe de la publicité. Par suite de son annexion à la France, elle jouit du bénéfice de la loi du 4 brumaire an VII, puis du code civil français qui y resta en vigueur après la séparation.

La réforme hypothécaire, réclamée avec vivacité depuis 1831 surtout, y fut réalisée par la loi du 16 décembre 1851. Les modifications principales apportées au code français affectent la matière des priviléges et la nature et l'effet des différentes sortes d'hypothèque.

Les principes généraux du code modifié, sont la spécialité et la nécessité absolue de l'inscription (art. 81), dont l'effet est porté à quinze ans sans renouvellement (art. 90).

L'hypothèque judiciaire est supprimée. Chose singulière, la réforme hypothécaire était discutée en même temps par les assemblées législatives en Belgique et en France ; les points de départ étaient différents et, dans chacun des deux pays, la solution adoptée fut l'inverse du projet primitif.

En France, les rapporteurs des projets de 1850 et 1851, demandaient la suppression pure et simple de l'hypothèque judiciaire ; par voie d'amendement, on y substitua le procédé mixte des oppositions qui allait être voté lorsque les évènements politiques firent ajourner le débat.

En Belgique, au contraire, sans tenir compte des propositions faites par la Commission et reproduites dans le projet du gouvernement, à propos du système des oppositions que la commission parlementaire française venait précisément de leur emprunter, la loi de 1851 supprima tout à fait l'hypothèque judiciaire, sans rien mettre à sa place, écartant ainsi l'idée longuement étudiée de substituer *l'opposition immobilière* à l'hypothèque judiciaire (1).

Un fonctionnaire belge éminent, et l'un des mieux placés pour apprécier les résultats de cette réforme, M. Schlim, conservateur des hypothèques à Bruxelles, en nous adressant son opinion personnelle sur la suppression de l'hypothèque judiciaire (2), s'exprime ainsi :

(1) Martou. *Commentaire de la loi belge de 1851 sur les priviléges et hypothèques.*
(2) Lettre du 10 décembre 1879.

Il n'y a d'exception à cette suppression que celle prévue par l'art. 447 de notre nouveau code de commerce (loi du 18 avril 1851), qui autorise le curateur d'une faillite à prendre inscription au profit de la masse des créanciers en vertu du jugement déclaratif de la faillite.

Au point de vue hypothécaire, les jugements n'ont que là valeur d'un titre exécutoire autorisant au besoin la signification d'un commandement et la saisie des immeubles du débiteur ; la transcription de ce commandement met obstacle à la validité de toute inscription postérieure. (Loi du 15 août 1854.)

La généralité de l'hypothèque légale et de l'hypothèque judiciaire est la règle dans le code français et la spécialité l'exception ; *la spécialité* devient une loi absolue dans la loi belge. De plus, *sans inscription pas d'hypothèque*, et entre créanciers, *quels qu'ils soient*, la priorité est fixée par la date de l'hypothèque, c'est-à-dire de l'inscription.

Mon opinion personnelle est toujours que l'hypothèque judiciaire n'était qu'une prime accordée au plus pressé ou au plus impitoyable des créanciers. Sa suppression a rassuré le crédit et simplifié les liquidations.

Enfin, M. Laurent, le savant professeur de l'Université de Gand, à qui nous avions demandé quelles avaient été, en Belgique, les conséquences de la suppression pure et simple de l'hypothèque judiciaire, nous répond ainsi :

Trois mots suffiront. On ne s'aperçoit pas, en Belgique, de l'abrogation de l'hypothèque judiciaire. Quand la loi ne veille pas aux intérêts des particuliers, ils y veillent eux-mêmes, ce qui vaut infiniment mieux (1).

III. — GRÈCE.

La loi sur les hypothèques des 11-23 août 1836 a été empruntée pour la majeure partie au code civil français ; les changements qui y ont été introduits, basés sur l'expérience des lois allemandes et sur les critiques faites à notre régime hypothécaire, constituent presque ous de sérieuses améliorations.

L'hypothèque judiciaire y résulte des jugements *devenus définitifs*. La prénotation se fait : 1° lorsque l'inscription hypo-

(1) Lettre du 24 février 1890.

thécaire ne peut être prise faute des titres exigés par la loi ;
2° lorsque l'existence d'une créance à terme est prouvée par des
écrits, et qu'en même temps il existe une preuve officielle que
le créancier en a demandé le payement par voie judiciaire ;
3° *lorsque la créance a été confirmée en première instance.*

La prénotation grecque, imitée de celle des Allemands, a pour
effet de faire primer les inscriptions prises postérieurement
contre le débiteur commun, dans le cas où celui qui l'a requise
obtiendrait par la suite un titre hypothécaire contre le débiteur ;
dans le même cas, la prénotation se convertit en inscription
régulière. Mais ce système entrave les transactions du débiteur
et le place en état de prévention par le seul fait d'une demande
formée contre lui. L'article 1167 de notre code civil paraît suffi-
sant pour garantir un créancier chirographaire contre une hypothèque simulée.

IV. — HOLLANDE.

En Hollande, le code civil français avait obtenu force de loi
comme en Belgique, à l'époque où ces provinces faisaient partie
intégrante de la France. Une révision du code, délibérée en
1828, fut suspendue par les événements qui séparèrent la
Belgique de la Hollande. La réforme fut reprise, discutée de
nouveau par les États-Généraux de Hollande, et la loi du
28 avril 1834 promulgua la législation définitive des hypothèques
dans ce pays.

Le législateur hollandais rejette les hypothèques légales, générales et *judiciaires* ; il n'admet pas la réduction des hypothèques,
puisqu'il ne reconnaît que des hypothèques spéciales ; toutes les
hypothèques étant inscrites, la purge a lieu dans une forme
unique.

Enfin l'inscription, une fois faite, conserve l'hypothèque sans
renouvellement (art. 1265).

Les motifs qui ont fait adopter, en Belgique, la suppression de l'hypothèque judiciaire, avaient donc, en Hollande, la même force et avaient conduit aux mêmes résolutions, dix-sept ans plus tôt.

V. — ITALIE.

En Italie, l'hypothèque judiciaire résulte non-seulement du jugement portant condamnation, obligation, reconnaissance ou vérification de signatures, mais aussi des ordonnances des tribunaux portant nomination de tout administrateur ou comptable, à moins toutefois que, pour de justes causes, ces agents n'aient été dispensés de l'hypothèque par le tribunal qui a fait ou ratifié leur nomination.

La publicité et la spécialité de l'hypothèque sont les bases du régime légal.

Lorsque les Italiens interrogent les origines de leur droit, il n'y trouvent, avec les lois romaines, que le secret de l'hypothèque qui a cessé d'être en harmonie avec les besoins et les idées de l'époque contemporaine. Mais on sait combien il est difficile de rompre d'une manière complète avec le passé. Arriver tout d'un coup d'un système où tous les droits réels se transmettent sans publicité, à une théorie qui les soumettrait tous sans exception à une manifestation extérieure, aussi large que possible, serait une transition trop brusque et trop hasardeuse.

L'esprit humain, au milieu même de ses goûts d'innovation, aime à s'arrêter de degré en degré pour demander conseil à la réflexion. Il était donc naturel que la première tentative faite pour échapper à l'hypothèque occulte, aboutit à une composition entre le secret absolu et la publicité absolue du droit hypothécaire; et dès lors le code français, qui offre précisément l'expression de cette transaction, dût paraître aux législateurs des différents Etats italiens le type du meilleur système.

Ajoutez à ces motifs, l'admiration, l'engouement que le code Napoléon avait excités, de 1804 à 1814, chez l'étranger aussi bien qu'en France, à cause de la précision de ses formes, de la clarté de ses dispositions, de sa synthèse savante ; faites ensuite la part de l'habitude qui, pendant l'occupation française, avait popularisé ces règles et attesté sa supériorité sur le chaos légal, fécond en contradictions, en équivoques et en déceptions, qui l'avait précédé ; on s'expliquera facilement pourquoi les principes de la loi française pénétrèrent si promptement les mœurs et pourquoi, même après la réaction de 1815, les étrangers se décidèrent à les conserver et, plus tard, ne consentirent à les modifier que sur les points particuliers où l'expérience démontrait la nécessité d'une réforme.

En ce qui concerne spécialement le droit hypothécaire, les révisions partielles du code napolitain (1815, 1819, 1849), et du code Sarde (1822, 1837, 1855, 1866), ne repoussèrent un instant les progrès accomplis que pour y revenir bientôt, entraînées par le courant de l'opinion.

L'édit sur les hypothèques, du 16 juillet 1822, rétablissait, il est vrai, les garanties légales de la propriété ; mais on lui reprocha d'exagérer les charges foncières, en donnant à l'inscription une durée de quinze ans ; d'étendre le privilége du fisc au mépris du principe : *Fiscus post omnes* ; et d'augmenter le nombre des hypothèques légales et occultes (1). Le code Albertin, décrété le 20 juin 1837, fut un retour définitif aux principes de la loi française, notamment en ce qui concerne le droit et le crédit foncier. La réforme du régime hypothécaire, uniquement dictée par l'intérêt public, améliora certains points de détail en ce qu'ils avaient de trop absolu, et le code civil piémontais, exécutoire dans toute l'Italie depuis le 1ᵉʳ janvier 1866, est sans contredit un progrès sur notre code de 1804.

Deux magistrats éminents, et très familiers avec la double législation italienne et française, M. Mulsant, conseiller à la

(1) *Histoire de Savoie d'après les documents originaux.* Paris, Didier, 1869. 3 vol. in-8° (III, 234).

cour d'appel de Savoie, et M. Laracine, président du tribunal civil de Chambéry, ont bien voulu résumer pour nous ce que le droit italien offre de particulier au point de vue spécial de l'inscription judiciaire.

La législation se résume dans les articles 1965, 1970 et 1976 du code de 1866.

Tout jugement portant condamnation au payement d'une somme d'argent, à la délivrance d'une chose mobilière ou à l'exécution d'une obligation qui puisse se résoudre en dommages et intérêts, confère à celui qui l'a obtenu une hypothèque sur les biens de son débiteur. (Art. 1970.)

L'hypothèque judiciaire peut être inscrite sur chacun des immeubles appartenant au débiteur; mais, en ce qui concerne les biens acquis par celui-ci après le jugement, l'inscription ne peut être prise qu'au fur et à mesure de leur acquisition. (Art. 1976.)

Le code italien, remarque M. Laracine (1), a donc conservé l'effet général de l'hypothèque judiciaire française, frappant l'universalité des biens du débiteur. Mais ce droit indéfini se trouve soumis à la restriction de l'art. 1965 qui s'applique, sans exception, à toutes les hypothèques, qu'elles soient légales, judiciaires ou conventionnelles.

L'art. 1965 est ainsi conçu :

L'hypothèque n'a d'effet qu'à la condition d'être rendue publique par l'inscription, de reposer sur des biens désignés d'une manière spécifique, et de garantir une somme d'argent déterminée.

M. Laracine ajoute :

L'hypothèque judiciaire, bien que générale, ne peut donc s'exercer que sur les immeubles spécifiées dans l'inscription.

On ne voit pas aisément quels peuvent être les avantages de cette innovation. Il est bien certain que le créancier qui s'est vu forcé de faire rendre un jugement ne restreindra pas volontairement la garantie qu'il tient de la loi, et qu'il tâchera de n'omettre dans l'inscription aucun des immeubles de son débiteur. Celui-ci, quoique favorisé par une apparence d'atténuation, n'est donc pas dans une meilleure condition que celle établie par la loi française. Quant aux tiers, ils sont moins exposés à être trompés, relativement à l'étendue de l'hypothèque, lorsqu'ils savent

____

(1) Lettres des 2 et 28 janvier 1880.

d'avance qu'elle frappe tous les biens du débiteur que s'ils sont obligés de vérifier si quelque article d'immeubles n'aurait point, par pur oubli, été omis dans l'inscription.

La modification apportée par le code italien à l'art. 2123 du code français, paraît donc insuffisante pour produire les effets qu'on en attendait et pour atténuer les vices du système. La réforme eut été plus sérieuse si, au lieu d'abandonner au créancier le choix et l'appréciation de son gage, remarque M. le conseiller Mulsant, la loi eut confié au juge le soin de déterminer, par le jugement même, l'objet de l'hypothèque et de fixer l'étendue de cette hypothèque.

VI. — SUISSE FRANCAISE.

1° *Canton de Genève.*

Le 21 décembre 1827, M. le professeur Bellot présenta au Grand-Conseil du canton de Genève un projet de loi révisant le droit hypothécaire en vigueur dans ce pays depuis l'occupation française.

Ce projet était commenté par un rapport de M. Girod qui fut très apprécié ; la mort de M. Bellot et les préoccupations politiques de 1828 à 1834, firent ajourner le débat de ces importantes questions jusqu'en 1851, époque où la réforme hypothécaire fut discutée simultanément dans la plupart des pays européens de droit latin, et surtout en France, en Belgique et à Genève.

Nous avons reçu à ce sujet du savant M. Louis Lutz, conservateur des hypothèques à Genève, et digne émule des Bellot et des Girod, des communications fort intéressantes, fort détaillées, fort complètes, mais dont nous sommes forcé à regret, de supprimer ici le contenu, pour ne point surcharger un travail qui a paru à nos éminents critiques déjà trop alourdi de détails.

La loi du 6 juin 1851 a supprimé l'hypothèque judiciaire parce que le droit d'hypothèque, créé *comme garantie du crédit*, ne doit jamais se transformer en moyen abusif de recouvrement (Exposé des motifs). Cette mesure, remarque M. Lütz, fut accueillie par l'opinion avec une faveur marquée, et l'on considéra la loi de 1851 comme le complément logique de la loi du 23 avril 1849, supprimant la contrainte par corps.

2° *Canton de Vaud.*

La loi du 24 décembre 1840, exécutoire à partir de 1842, règle *le contrôle des charges immobilières.* Au chef-lieu du district est un bureau de contrôle tenu par un conservateur des charges immobilières.

La base du système est comme à Genève, dans ce pays, le cadastre et la série des plans territoriaux révisés périodiquement.

Toutes les hypothèques sont *conventionnelles et spéciales;* l'hypothèque légale, telle que nous l'entendons en France, ou telle qu'elle est admise à Genève, depuis la loi du 12 septembre 1868, n'existe point, pas plus que l'hypothèque judiciaire.

3° *Canton de Neufchâtel.*

Le code civil du canton de Neufchâtel, en vigueur en 1880, a maintenu l'hypothèque judiciaire ; mais en la réduisant à ses conséquences légitimes et en atténuant, par de sages restrictions, les abus qu'autorise, en cette matière, la loi française. Ainsi l'hypothèque ne peut frapper que les biens présents ; elle n'existe pas pour les condamnations inférieures à 200 fr. ; le jugement doit, à peine de nullité de l'hypothèque, déterminer le chiffre de la créance à inscrire et désigner l'immeuble grevé.

Voici les textes :

Art. 1714. — *L'hypothèque judiciaire* est celle qui résulte d'un jugement.

Aᴦᴛ. 1715. — Sont seuls susceptibles d'hypothèque les biens immobiliers qui sont dans le commerce et leurs accessoires réputés immeubles. *Les biens à venir ne peuvent pas être hypothéqués.*

Aᴦᴛ. 1721. — L'hypothèque judiciaire résulte de tout *jugement définitif qui, par une disposition spéciale,* donne à celui en faveur duquel le jugement est rendu, le droit de prendre hypothèque pour sûreté de l'exécution des condamnations. *Quand la condamnation n'excède pas 200 francs en capital, il n'y a jamais lieu à hypothèque.*

Aᴦᴛ. 1722. — Le jugement doit, sous peine de nullité en ce qui touche le droit d'hypothèque, *déterminer en termes précis la somme pour sûreté de laquelle et l'immeuble sur lequel* l'hypothèque pourra être prise.

Aᴦᴛ. 1723. — L'hypothèque judiciaire ne peut résulter de jugements rendus hors du canton, sans préjudicier aux dispositions contraires qui pourraient se trouver dans les lois politiques ou dans les traités.

Aᴦᴛ. 1729. — Entre les créanciers, l'hypothèque soit *judiciaire* soit conventionnelle (1) n'a de rang *que du jour de l'inscription* prise par le créancier sur les registres du conservateur, dans les formes et de la manière prescrites par la loi.

Le créancier non hypothécaire, poursuivant par voie de saisie immobilière, exerce ses droits immédiatement après le dernier créancier hypothécaire inscrit avant l'époque où le débiteur saisi a perdu par les poursuites la faculté d'aliéner.

Ces textes ont une grande importance ; ils paraissent répondre victorieusement à toutes les critiques qu'on a pu faire des formes et des conséquences de l'hypothèque judiciaire française et résoudre le problème dont nous discutons les termes. Il serait à désirer que notre législation s'inspirât de ces principes et de l'expérience qu'en a faite, depuis vingt ans, le canton de Neufchâtel, si intelligent, si industrieux, si peuplé, et où les tendances légales sont toutes de simplification et d'équité.

Quant aux autres cantons, chacun d'eux, en sa qualité d'Etat souverain, possède sa législation particulière et toutes sont variées sans cependant mériter une attention spéciale, car elles ne sont que des emprunts aux types français ou allemands que nous avons énumérés.

Il est plusieurs cantons où co-existent jusqu'à cinq et six législations sensiblement différentes, où chaque vallée a ses coutumes écrites ou non écrites ; mais c'est l'exception, et le droit hypothécaire y reste à l'état rudimentaire.

____

(1) La législation du canton de Neufchâtel ne reconnaît point d'hypothèque *légale.*

Il a paru dès lors sans intérêt de dresser le tableau de ces variations et d'énumérer des textes qui n'apporteraient aucun élément pratique au travail de comparaison qui précède.

§ 5.

ÉTATS-UNIS.

Nous avons jugé inutile d'aborder ici l'analyse des lois et des coutumes des Etats-Unis du nord de l'Amérique, en ce qui touche le régime hypothécaire.

Deux motifs nous ont décidé à laisser dans ce travail cette lacune qui n'est qu'apparente. L'organisation législative des Etats-Unis, au point de vue civil, varie sensiblement avec les Etats, comme en Suisse avec les Cantons. Sa diversité décourage, et les nuances de principes ou de pratique ne sont ni assez définies ni assez motivées, pour apporter un sérieux contingent d'observations et de nouveautés à cette étude.

De plus, la législation dérive, au Nord, du droit anglo-saxon, au Sud, du droit romain, à l'Ouest, du droit d'arbitrage, et nous n'y trouverions que le fond des institutions germaniques, latines ou helvétiques. Il ne faut pas oublier, en effet, que le principe du dualisme domine tout aux Etats-Unis : de même qu'il existe dans ce pays deux pouvoirs politiques et deux justices, on y trouve deux législations. Celle de chaque Etat, combinée suivant les types variés appartenant à tel ou tel système de l'ancien monde, mais ayant subi, suivant les temps et les lieux, des modifications plus ou moins profondes; celle de l'union américaine, tirant son origine de la constitution et n'affectant les législations particulières que pour les rattacher, par quelques points, à l'essai unitaire qui ne contredit point ce parallélisme légal.

CHAPITRE III

EXAMEN CRITIQUE DU RÉGIME HYPOTHÉCAIRE FRANÇAIS EN
CE QUI CONCERNE SPÉCIALEMENT L'HYPOTHÈQUE JUDI-
CIAIRE ET DES DIFFÉRENTES INSTITUTIONS PAR LES-
QUELLES ON A PROPOSÉ DE LA REMPLACER.

§ 1ᵉʳ.

Enquête judiciaire de 1841-1844.

Ce travail de recherche et de critique laisse peu de marge à
l'initiative des théories personnelles ; d'ailleurs, sur un sujet
depuis si longtemps discuté et approfondi, tout a été dit, tout a
été prévu, tout a été proposé, et nous ne pourrions hasarder
quelque apparente nouveauté sans nous approprier les idées
d'autrui ; notre rôle se borne à comparer les opinions, à rappro-
cher les différents textes, à y appliquer les réflexions qu'autorise
notre propre pratique.

Le mérite de ce que nous pourrons dire de juste appartient
surtout à nos devanciers ; les limites qu'il convient d'imposer à
ce mémoire nous interdisent les développements que pourrait,
dans d'autres conditions, comporter ce travail ; nous serons d'autant plus bref, dans cette dernière partie, qu'elle est en quelque
sorte la résultante de tout ce que nous avons rappelé ou cité
jusqu'ici, et que, en insistant trop sur certains détails qu'il
suffira d'indiquer, nous nous exposerions à de fréquentes
redites.

On n'a point oublié les critiques générales dont le système
hypothécaire du code de 1804 fut l'objet, et le courant d'opinion
qui se manifesta, de 1826 à 1844, avec tant de vigueur et de
talent, depuis l'initiative de Casimir Périer, jusqu'à la grande
enquête de 1841-1844. Les réformes législatives, si nombreuses
et si logiques, des divers états européens pendant cette longue
période, la publication de savants ouvrages, la mise en lumière
de projets où toutes les opinions, même les plus hardies ou les
plus étranges, se livraient à l'appréciation des hommes compétents, avec une confiance dans le succès qui s'imposait à la
réflexion comme une marque d'urgence et de nécessité, toutes
ces conditions réunies décidaient le gouvernement à la réforme

malgré ses répugnances à toucher même d'une main respectueuse
à l'imposant édifice de nos lois civiles.

Dès 1843, M. le marquis d'Audiffret s'exprimait ainsi :

Le danger de porter atteinte au mécanisme actuel du service des hypothèques s'efface tout entier devant le péril de le maintenir avec ses embarras, ses complications, ses obscurités, ses déceptions et ses dépenses
ruineuses, ainsi que devant la nécessité, chaque jour plus impérieuse,
d'y introduire la réforme réclamée par de si grands et de si nombreux
intérêts en souffrance.

Nous abrégerons les arguments proposés pour ou contre le
maintien de l'*hypothèque judiciaire*, sa modification ou sa transformation. Ces arguments ayant été souvent reproduits par
plusieurs auteurs, nous ne citerons que les formules les plus
saillantes ou les écrits les plus autorisés ; il est difficile d'éviter
complétement le défaut des répétitions dans un sujet où l'abondance même de ces répétitions et leur retour inévitable devient,
en quelque sorte, un des arguments de la cause, et non pas le
plus faible.

Parmi les documents dont il faut attentivement examiner les
tendances, l'esprit et les conclusions, les trois volumes de l'enquête judiciaire de 1841-1844, fournissent une abondante source
d'idées et d'informations. Cette source est d'autant plus précieuse
que les informations y sont le résultat de recherches sûres et de
méditations profondes, et que les idées y sont formulées avec
une rare précision et une sûreté de langage qui ne permet point
l'équivoque.

Six cours d'appel sur vingt-quatre, et les sept facultés de droit
d'alors appelèrent l'attention du législateur sur l'art. 2123 du code
civil relatif à l'hypothèque judiciaire. La cour de Montpellier,
les facultés de Dijon, Rennes, Strasbourg, Caen, Grenoble,
Paris, demandèrent le maintien de l'hypothèque judiciaire réfor-
mée et atténuée dans ses causes et dans ses effets. Les cours
d'Aix et de Colmar la critiquèrent avec vivacité. Le rapport
de la faculté de Paris, rédigé par M. Valette, concluait à la suppression de l'hypothèque résultant des reconnaissances d'écri-

tures, à la spécialité, et à l'initiative du juge pour en fixer l'étendue.

La publication de ces documents en 1844 ouvrit une polémique sérieuse entre les jurisconsultes et les praticiens ; on vit pour la première fois des notaires, des banquiers, des agents des finances discuter, dans des écrits publics, les questions de leur compétence et contredire avec autorité le parti pris des économistes et des professeurs.

§ 2.

Opinions des Jurisconsultes et des Praticiens.

L'hypothèque judiciaire n'est qu'une des formes de l'hypothèque légale, disait M. Pougeard, volontiers cité par M. Valette ; elle est exposée à toutes les surprises, à tous les hasards ; et, entre des créanciers de la même heure, c'est le caprice d'un intermédiaire qui devient souvent la cause légitime de préférence. A qui profite ce droit exorbitant ? dit un autre. Aux marchands d'argent. Sans la terreur de l'hypothèque judiciaire, la lettre de change et le billet à ordre sont subitement dépréciés de 50 0/0. M. Fabre, un notaire, M. Thézard, un professeur, s'accordent à trente ans de distance (1845-1874), à critiquer un droit qui frappe les biens d'un débiteur *avant même qu'ils ne lui aient appartenu*, et qui réunit à ses propres vices tous ceux de l'hypothèque légale. N'est-ce pas à la nécessité de réagir contre les effets désastreux des hypothèques occultes ou générales qu'on doit sinon la création, au moins le développement d'expédients légaux qui ont acquis l'importance de véritables sauvegardes ? Tels le caractère déclaratif du partage, l'établissement des priviléges du vendeur et du co-partageant, l'action en séparation des patrimoines. Négligeons quantité de mémoires traités avec soin et où se rencontrent des traits piquants et des vues neuves ; M. Valette les résume et les condense dans une série d'articles (1) où il discute les effets de l'hypothèque judiciaire à travers les variations du droit et de la jurisprudence, il prend corps à corps le système actuel et n'en laisse rien debout.

Empruntant aux Allemands ce qu'ils appellent *le concours des créanciers*, il propose d'organiser pour les débiteurs civils un état de déconfiture analogue à ce qu'est pour les commerçants l'état de faillite.

De 1847 à 1849, l'étude des réformes hypothécaires fut à peine suspendue par les événements politiques, tant sa gravité et son urgence s'imposaient aux ministres soucieux de mettre les formes de la justice d'accord avec les intérêts bien équilibrés de la société civile. Une commission spéciale, nommée le 15 juin 1849, prépara des innovations qui aboutirent au projet voté, par l'Assemblée nationale, le 20 février 1851 ; l'hypothèque judiciaire, attaquée avec vivacité dans toutes les phases de la discussion, fut supprimée toujours, soit qu'on l'effaçât absolument du code, soit qu'on lui substituât le système des oppositions.

§ 3.

Débats parlementaires de 1850-1851, 1872-1874.

Les inscriptions judiciaires, disait M. Persil en 1849, arrivent au moment où la fortune du débiteur s'ébranle, *elles s'acquièrent alors au pas de course*. Le bénéfice de cette institution pour les prêteurs du commerce, ajoutait M. Louvet, le 17 décembre 1850, est la possibilité de surveiller leur débiteur, jour par jour,

(1) *Revue de Droit.* VI, 912-972, 1849, tome XVI de la collection. — *Revue étrangère* I, 577.

heure par heure, *et de prendre jugement et inscription tout à coup, à l'instant même où ils verraient ce débiteur faiblir* dans sa solvabilité. Le crédit foncier doit être distinct du crédit personnel, remarquait M. Bethmont en s'adressant au Conseil d'Etat; les liquidations amiables sont rares, ajoutait M. Vatimesnil dans un rapport à la Chambre, entravées qu'elles sont par l'hypothèque judiciaire. Nous sommes unanimes, disait à son tour M. Wolowski, pour vous proposer la *suppression absolue de l'hypothèque judiciaire*, au nom de l'équité, du bon sens et du crédit. Et l'exposé des motifs du projet de loi, présenté à l'Assemblée dans la séance du 4 avril 1850, s'exprimait ainsi :

Le projet *supprime l'hypothèque judiciaire*, celle qui résulte de tout jugement, abstraction faite de la volonté des parties et des dispositions de la loi. *Cette mesure sera salutaire*. Les hypothèques judiciaires sont ordinairement les plus nombreuses, souvent les plus compromettantes pour le crédit, parce qu'elles sont souvent illimitées; toujours elles sont les plus gênantes par leur généralité; elles compliquent les ordres, deviennent un puissant moyen de fraude, rendent les créanciers plus exigeants, les procès plus nombreux, la ruine plus complète; et, *sans avoir aucune cause solide dans le droit*, elles sont tout simplement une prime accordée à la rigueur et quelquefois à la rapacité.

La discussion fut l'une des plus brillantes auxquelles ait donné lieu une loi spéciale et technique. M. Louvet repoussait la loi ruinant le crédit personnel qui est au crédit foncier comme mille est à un, rendant le prêteur exigeant et le créancier implacable (séance du 17 décembre 1850). Il ne s'agit point ici du crédit personnel, ripostait M. Charlemagne, mais d'un crédit équivoque, *de l'usure armée de l'hypothèque*. M. Riché prétendait que la suppression de l'hypothèque judiciaire équivaudrait à son remplacement pur et simple par la saisie avec son inopportunité et ses rigueurs; il terminait ainsi : rendre l'hypothèque judiciaire spéciale, la restreindre, l'organiser, c'est une réforme; l'abolir, c'est une révolution. M. Crémieux répondait par des chiffres : Les inscriptions judiciaires figurent pour 75 0/0 dans le nombre total des inscriptions ; créé pour donner plus d'autorité aux sentences de justice, ce droit a dévié de son but ; neuf fois sur dix, ce n'est plus le magistrat qui décide entre deux parties, mais un créancier qui impose au juge la consécration de sa propre décision. M. Valette porta le dernier coup en s'écriant :

> La commission a interrogé l'histoire pour y découvrir tout ce qui avait pu servir à former cette garantie qui, de nos jours, porte le nom d'hypothèque judiciaire. Elle a reconnu que *ce droit n'est pas un de ceux qui méritent le respect public* comme dépendant de la puissance des individus sur leurs biens ; il ne se rattache à aucune idée de justice ni même d'équité ; ce n'est que le résultat en quelque sorte factice d'un système ancien qui a péri en très grande partie, dont il ne reste plus aujourd'hui que des débris, système sans lequel on n'aurait jamais imaginé ce droit anormal.

La suppression pure et simple de l'hypothèque judiciaire fut votée le 18 décembre 1850. Dès le 23, on essaya de revenir sur ce vote, à propos des condamnations pour délits et quasi-délits ; une grande agitation se produisit parmi ceux qui vivent de l'état précaire du crédit commercial ; avocats, hommes d'affaires, officiers ministériels, juges consulaires, pétitionnèrent, les uns par ignorance, le plus grand nombre par intérêt. La Chambre des avoués de Paris s'associa à ce mouvement ; les procès n'allaient-ils pas diminuer de moitié ? Mais, 3 chambres de notaires seulement sur 372 furent de leur avis ; quant aux spécialistes les plus compétents avec les notaires, c'est à dire les conservateurs des hypothèques et les employés supérieurs de l'enregistrement, ils ne furent pas consultés : *Servum pecus, et arceo....*

La commission législative céda devant ce bruit ; et le système bâtard des oppositions, imité des Belges qui venaient de le rebuter après une discussion publique, fut voté, un peu par surprise, le 20 février 1851. M. Wolowski imbu comme tous les théoriciens d'idées absolues, ne réussit pas à faire adopter *la prénotation allemande* qu'il préconisait comme constituant *l'hypothèque judiciaire à son plus haut degré de puissance.* Cet argument devait être à lui seul la condamnation de sa proposition. *L'opposition* équivalait à *l'inscription,* et le débiteur, pour se débarrasser de cette gêne ne pouvait que payer ou consigner; le vote du 18 décembre 1850 était annulé en fait. L'opinion commune était alors que, entre les deux termes de la suppression de l'hypothèque judiciaire ou de son remplacement par une combinaison embarrassée d'opposition, se greffant sur le droit hypothécaire, il y avait place pour un régime mixte, analogue à celui de certains cantons helvétiques et du royaume de Grèce.

La discussion fut reprise le 1er juillet 1851 ; on demande le renvoi à trois jours, pour permettre l'examen du contre-projet. *Remettre à samedi*, s'écria M. de Vatimesnil, c'est *peut-être remettre indéfiniment*. On vota l'ajournement ; mais la prophétie ne se réalisa que trop. La discussion ne fut pas reprise.

Les crises violentes qui vinrent de nouveau, et si malheureusement, interrompre l'examen de ces lois d'affaires, changèrent le point de vue et détournèrent le courant d'opinion. Après le coup d'Etat, les préoccupations du législateur et les faveurs des publicistes inclinèrent vers les spéculations qui essayèrent d'organiser le crédit foncier, à l'imitation des Allemands, sous une forme commerciale (1). Vingt années se passèrent avant qu'on eût à s'occuper, ailleurs que dans la théorie pure, des profits et des périls de l'hypothèque judiciaire.

Toutefois, ce qui avait été dit dans les séances parlementaires de 1850 et de 1851 ne fut perdu ni pour le législateur ni pour l'opinion. L'institution vieillie de l'hypothèque judiciaire est restée condamnée. Lors de la discussion récente de la loi sur *l'hypothèque maritime*, loi qui resta soumise aux délibérations de la dernière Assemblée nationale, du 29 juillet 1872 au 10 décembre 1874, les rédacteurs du projet condamnèrent absolument l'hypothèque judiciaire en termes qui ne furent point contredits, la déclarant *gênante, regrettable, renversant la loi*

(1) Le *Moniteur* du 6 janvier 1851 renferma un substantiel rapport de M. Josseau sur la publication de nouveaux documents relatifs aux institutions de crédit foncier qui existent dans les divers États européens. Mais il ne faut pas oublier que les projets d'hypothèque fictive sur le territoire entier et de *mobilisation du sol* avaient reçu un commencement d'exécution par la création des assignats hypothéqués sur les domaines nationaux (1790 à 1794) et la loi de messidor an III sur la réorganisation du régime hypothécaire

d'égalité qui domine l'état de faillite, et le ministre du commerce ajoutait :

> Ce projet est très pratique, très simple, très sûr, et vous en avez la preuve dans la suppression de tout ce qui alourdit et complique le système des hypothèques immobilières, l'hypothèque légale, *l'hypothèque judiciaire*.

Ne semble-t-il pas, dès lors, qu'une institution que tolérait l'ancien régime à titre d'expédient, que la codification de nos lois a recueillie comme une épave, il y a trois quarts de siècle, que les législations des autres Etats européens ont constamment répudiée, que nous-mêmes nous écartons avec tant de vivacité des lois nouvelles, soit désormais repoussée par l'opinion, et qu'il importe au bien public de la faire disparaître de notre système hypothécaire ou tout au moins de la purger radicalement de ses vices ?

§ 4.

Conséquences de l'exécution de l'art. 2123 du Code civil et de ses effets dans la pratique.

Les vices inhérents à l'hypothèque judiciaire résultent moins encore de sa généralité que de *la facilité avec laquelle on l'obtient*, ou plutôt de l'élasticité des motifs qui autorisent à la réclamer et de la mesure illimitée qu'il est permis de lui appliquer dans la pratique.

Les textes éclairés par la jurisprudence, interprétés par les auteurs, établissent aujourd'hui, sans contestation possible, autrement que dans des espèces particulières, les principes ci-après comme constitutifs du système français actuel de l'hypothèque judiciaire.

1° Tout jugement qui impose à l'une des parties en cause une obligation susceptible de se résoudre en dommages et intérêts, ou qui reconnaît la validité d'une obligation préexistante, bien qu'il ne formule pas de condamnation actuelle, confère l'hypothèque.

2° Dans cette mesure, tout jugement emporte hypothèque, quelle que soit sa forme extérieure, fût-il même entaché du vice d'incompétence (1) et de quelque juridiction, même administrative, même d'exception, qu'il émane (2).

3° Tout jugement d'un tribunal étranger emporte hypothèque à la seule condition d'être déclaré exécutoire, après examen, par un tribunal français.

4° Toute sentence arbitrale (même rendue en pays étranger, sauf le cas où elle l'aurait été en exécution d'une première décision de juges étrangers) emporte hypothèque, à la seule condition d'être revêtue de l'ordonnance judiciaire d'exécution du président du tribunal civil.

5° Tous actes judiciaires emportent hypothèque (art. 2117) à la condition d'avoir le caractère de jugement (art. 2123).

6° Par extension, tous actes de juridiction volontaire tendant à la reconnaissance, sous forme de jugement, des signatures apposées à un acte obligatoire sous seing privé, emportent hypothèque, même s'il n'y a pas eu contestation en justice.

7° L'hypothèque judiciaire dérive de plein droit de l'acte auquel elle est attachée, et elle est générale; sous ce double point de vue, *elle est assimilée à l'hypothèque légale;* mais elle n'existe, vis-à-vis des tiers, que par l'inscription qui lui donne la publicité.

Cette condition même offre une garantie plus apparente que réelle, car l'inscription prise en 1880, par exemple, grève, à l'avance, dans le secret, *des biens que le débiteur ne possède pas encore* et qui peuvent n'entrer dans son patrimoine qu'en 1886

---

(1) Même s'il s'agit de l'incompétence *rations materiæ* qui est d'ordre public. — PRESIL. *Régime hypothécaire,* art. 2123. — DALLOZ. *Répertoire,* XXXVIII, n° 1142.

(2) Cette question reste douteuse pour certaines catégories, et la jurisprudence ne paraît pas définitivement fixée.

ou 1889. C'est le calcul de l'usure abusant de la prodigalité et de l'imprévoyance des jeunes gens.

8° L'inscription hypothécaire étant un acte purement conservatoire et non un acte d'exécution, l'inscription d'hypothèque judiciaire peut être prise avant que le jugement soit expédié, ou enregistré, ou signifié, et même, dans ce dernier cas, avant l'expiration des huit jours pendant lesquels est suspendue l'exécution des jugements non exécutoires par provision (art. 450 du code de procédure).

9° Le créancier, muni d'un écrit sous seing privé, peut, s'il exerce le droit que lui donne la loi du 3 septembre 1807, prendre inscription sur les biens présents et à venir de son débiteur, *sans même avoir obtenu de condamnation*, mais par le simple fait de la vérification de son titre en justice, pourvu que sa créance soit devenue *exigible*; il peut même prendre inscription avant l'échéance du terme, pour peu qu'il ait eu la précaution de le stipuler; il le peut également, s'il suppose diminuées les garanties offertes par son débiteur (art. 1188 du code civil).

10° Le créancier qui a obtenu un jugement, peut prendre inscription pour garantie de sa créance dans tous les arrondissements où il peut supposer que son débiteur possède ou possédera des droits immobiliers. Cette faculté grève dans une proportion injuste le crédit du débiteur et augmente sensiblement les frais frustratoires.

11° L'excessive étendue du droit hypothécaire reçoit, il est vrai, une atténuation de l'art. 2161 qui permet la réduction des inscriptions exagérées.

L'action en réduction est ouverte au débiteur seul; la réduction d'inscriptions excessives peut être convenue d'avance entre le créancier et le débiteur, sans contredire aux dispositions de l'art. 900 du code civil, et la radiation sur ce qui excède la proportion convenue, peut être requise dans la forme légale (art. 2158). Si elle n'a pas été prévue, ou qu'elle ne puisse se faire à l'amiable, elle peut être demandée en justice, dans les cas et suivant la procédure déterminés par les art. 2161 à 2165. Autant de difficultés, de procès, de chances douteuses, d'avances de frais qui suppriment pour le débiteur, dans la plupart des cas, la possibilité d'exercer son droit.

12° Le créancier qui a obtenu un jugement conférant l'hypothèque, peu, à son gré, prendre l'inscription *pour la somme qui lui convient*, et, presque toujours pour un chiffre très supérieur à la dette réelle et à ses accessoires. Quant il s'agit, et le cas est fréquent, de créances indéterminées, l'art. 2132 du code civil ordonne l'évaluation pour les hypothèques conventionnelles ; l'article 2153 dispense de cette évaluation les hypothèques légales ; aucune disposition ne décide pour les hypothèques judiciaires (1). Rien de plus dangereux pour le crédit que des inscriptions qui laissent indécis leur chiffre et leurs conséquences (2). La précipitation avec laquelle il est licite de prendre inscription avant que la sentence du juge soit définitive ou même connue et l'extension abusive qu'il est permis de donner à cette inscription amènent infailliblement le discrédit du débiteur, même solvable, et sa ruine à bref délai. L'hypothèque judiciaire dans les campagnes est l'arme légale de l'usure; c'est le fléau des paysans. C'est avec l'hypothèque judiciaire que, avant et depuis 1870, les Juifs allemands ont ruiné l'Alsace.

13° L'hypothèque judiciaire, enfin, ne remplit pas les conditions légales prévues pour son inscription, par les dispositions générales de l'art. 2148 du code civil, tout en laissant en dehors de notre critique la dernière de ces conditions (*indication des biens grevés*), puisqu'elle en est dispensée par l'art. 2123 et par la disposition finale de l'art. 2148.

En effet, neuf fois sur dix, dans les jugements, et l'on sait avec quelle légèreté sont traités ces détails dans la plupart des greffes, le créancier n'est désigné que par une *raison sociale* souvent incomplète, ou par un nom patronymique sans prénoms

(1) Vaugeois, professeur à la Faculté de droit de Nancy. *De l'inscription des hypothèques judiciaires*, 1875.

(2) La jurisprudence est unanime à décider qu'il n'y a pas lieu à faire des évaluations (Cour de Paris, 16 mars 1822; Cassation, 4 août 1825; Rouen, 19 février 1822, 8 février 1851). — Quelques auteurs sont de cet avis : Mourlon (n° 1565), Troplong (III, 684), Vaugeois, etc.; d'autres soutiennent l'opinion contraire : Baudot (n° 275), Grenier (n° 201), Battur (n° 442), Aubry et Rau (page 339), Paul Pont (n° 989), etc.

ni particularités de profession ; le débiteur est toujours indiqué par le nom patronymique seul, sans prénoms, ni détails d'état-civil, ni désignation spéciale de nature à caractériser son individualité ainsi que l'exige l'art. 2148.

CHAPITRE IV

CONCLUSIONS TENDANT A LA RÉFORME DE LA LÉGISLATION
HYPOTHÉCAIRE FRANÇAISE EN CE QUI CONCERNE L'HY-
POTHÈQUE JUDICIAIRE.

La réforme doit porter sur les causes de l'hypothèque judiciaire et sur sa mesure.

L'hypothèque judiciaire est nécessaire. Etant donné l'ensemble de notre droit civil, il importe que les décisions de la justice entraînent avec elles une sanction plus élevée, une mesure d'exécution éventuelle plus prompte, plus efficace, que les simples conventions privées. A ce point de vue, qui domine le débat, l'existence d'une hypothèque judiciaire est inattaquable.

Mais, dans quelle mesure faut-il accorder aux tribunaux cette sanction de leurs sentences ? Dans quelles limites est-il permis de donner au créancier un droit d'hypothèque sur les biens de son débiteur condamné ? c'est sur ces points d'exécution que la réforme peut porter.

Les développements qui précèdent ont montré, aussi bien dans la tradition historique que dans les variations de la jurisprudence et la comparaison de la législation française avec les législations étrangères, que, si le principe devait être maintenu intact, il était nécessaire de trouver un remède aux vices du système. Ces vices, accusés par la pratique, le sont plus encore peut-être par les palliatifs que le législateur a essayé de leur apporter.

La sanction de l'hypothèque doit protéger la chose jugée ; ce principe est hors de contestation. Mais, n'est-ce point en exagérer les conséquences logiques que d'attribuer à un droit éventuel ou contestable, la même garantie qu'à une créance certaine et liquide ? *L'hypothèque* n'est qu'une mesure conservatoire, a-t-on dit (1) ; L'expression n'est pas tout à fait exacte ; c'est

(1) Cour de Montpellier. *Doc. hypoth. publiée par le garde des sceaux en 1844.* III, 270.

l'*inscription* de *l'hypothèque* qui est une mesure conservatoire ;
mais l'*hypothèque est un droit réel* sur les immeubles affectés
à l'acquittement d'une obligation (art. 2114, code civil), et ici
ces immeubles sont le patrimoine entier, actuel et futur, du
débiteur. Est-il donc équitable d'assurer à des droits *simplement
probables par leurs antécédents*, la même garantie efficace que
la loi accorde aux intérêts des mineurs et des incapables (art.
2121, code civil) ; garantie plus étendue que celle qu'elle attache
aux conventions librement consenties des citoyens entre eux
(art. 2124, code civil) ?

Il conviendrait, par conséquent, de n'accorder le privilége de
l'hypothèque judiciaire, qu'aux jugements contradictoires ou à
ceux par défaut signifiés, ayant pour objet une dette certaine et
liquide ; aux sentences arbitrales homologuées ; aux décisions
définitives de tribunaux étrangers rendues exécutoires.

On écarterait ainsi les actes judiciaires qualifiés mal à propos
de jugements, les décisions administratives autres que les arrêts
du Conseil d'Etat et les arrêtés des Conseils de préfecture rendus
au contentieux (1), les contraintes spéciales des différents
services financiers (2), et surtout l'abus des reconnaissances
judiciaires d'écrits privés.

Cet abus dérive de l'erreur des rédacteurs du code autorisant
une malice de procureur, comme on disait autrefois, qui donne à
l'acte imaginé pour suppléer au défaut d'acte notarié, la sûreté
spéciale qu'ils refusent à l'acte notarié.

Quel est le procédé ? un créancier et son débiteur par titre
privé, se présentent d'accord à l'audience du juge du paix ;
le créancier produit son titre, le débiteur reconnaît sa signature,
le juge constate le fait. Quelles sont les conséquences légales de
ce procédé ? on a interverti les juridictions, on a violé la loi
hypothécaire. En effet, de quoi s'agissait-il ? uniquement de

(1) Les arrêtés ministériels, même au contentieux, n'ayant point la garantie d'une
appréciation collective, ne doivent point participer au privilége dont il est logique
d'investir les arrêts de justice et les décisions des tribunaux.

(2) Sauf à refondre dans une loi spéciale, ce qui est devenu indispensable, les différents textes relatifs au *privilége du Trésor* et aux garanties accordées à l'État contre
ses agents, fournisseurs ou débiteurs.

faire constater une convention et de donner le caractère de l'authenticité à cette convention qui n'est d'ailleurs le sujet d'aucune contestation entre ceux qui l'ont faite. Or, cela n'est pas du domaine de la juridiction forcée à laquelle appartient le juge de paix ; c'est du domaine de la juridiction volontaire, et *le notaire seul est compétent* (art. 1er de la loi du 25 ventôse an XI). D'autre part, on élude les prescriptions impératives des art. 2117, 2124 et 2127 qui défendent aux particuliers de stipuler des hypothèques générales ou des hypothèques sur des biens à venir. La comparution *volontaire* des parties devant un juge pour aboutir à *un jugement convenu*, transforme en hypothèque judiciaire, c'est-à-dire générale, *l'hypothèque spéciale* qu'elles avaient uniquement le droit de stipuler *devant notaire*, et que leurs conventions par actes privés ne contenaient même pas.

L'imprévoyance de l'art. 2123, à propos des reconnaissances d'écritures, avait pour conséquence que le souscripteur d'un acte sous seing privé, pouvait être grevé d'hypothèque dans tous ses biens présents et à venir *avant l'échéance ou l'exigibilité de la dette.* La loi de 1807, reproduisant la déclaration de 1717, ajourna l'exercice du droit hypothécaire, mais laissa subsister les inconvénients et les périls maintes fois signalés par la pratique ; même avec cette atténuation, un créancier muni d'un simple acte sous seing privé, se trouve dans une position plus avantageuse qu'un autre créancier pourvu d'un acte notarié ; en effet, le premier, en faisant vérifier son titre en justice, peut, *sans condamnation*, prendre inscription dès que sa créance est devenue exigible ; le second ne le peut pas. Inutile d'examiner les cas trop nombreux où l'hypothèque judiciaire peut être le résultat d'une surprise ou le prix de la fraude.

Reste la question de la mesure de l'hypothèque judiciaire. Le système de *la généralité* était logique sous l'empire de l'ancien droit, lorsque toutes les hypothèques étaient générales, et que ce genre particulier d'hypothèque s'était introduit comme un corollaire obligé du principe qui faisait résulter l'hypothèque *de tout acte authentique.*

Mais aujourd'hui, *la spécialité* est la règle, et, si l'ordre public est toujours intéressé à ce que les arrêts de justice soient investis des sanctions les plus propres à les faire respecter, c'est-à-dire, ici, au maintien de l'hypothèque judiciaire, il ne l'est pas *à l'exercice plus ou moins étendu de ce droit hypothécaire.*

Tous les efforts de la réforme, si l'on en accepte le principe, doivent donc tendre, non point à la suppression de l'hypothèque judiciaire, ni même à sa transformation en un système d'opposition qui n'est qu'une des formes déguisées de l'hypothèque, mais à son maintien, et à la recherche des combinaisons les mieux faites pour en simplifier le mécanisme *et en mesurer les effets.*

Les art. 2161 à 2165, avec l'intention d'être bienveillants pour le débiteur que frappe l'étendue de l'hypothèque judiciaire, l'obligent, s'il veut faire réduire le gage dans la proportion de la dette, à provoquer une nouvelle instance, et à courir la chance de nouveaux procès. Aussi les cas sont-ils extrêmement rares où un débiteur a pu invoquer le bénéfice de cette procédure ; dans la pratique des affaires, ces articles sont lettre-morte.

Résumant en quelques chiffres les données statistiques que notre pratique spéciale nous a permis de recueillir sur la matière, nous pouvons affirmer que les inscriptions judiciaires sont requises dans la proportion de 90 0/0, contre les débiteurs de petite condition, pour des sommes minimes (variant de 60 fr. à 120 fr. en principal) et à défaut d'autres garanties. C'est un pis aller, une chance que l'on se réserve pour le cas du retour du débiteur à meilleure fortune. On remarque toujours un écart considérable entre le chiffre réel de la dette exigible et celui dont l'inscription grève le débiteur aux yeux du public ; ainsi, dans l'arrondissement de Fontainebleau, en 1879, sur 100 inscriptions relevées, le capital exigible, frais compris, s'élève à 12,000 fr., le capital inscrit dépasse *cent mille francs* (100,000 fr.). Que devient la publicité des hypothèques avec un écart des 7/8 entre la dette fictive et la dette réelle ? Les sûretés données par la loi au crédit territorial, ne sont-elles pas illusoires en présence d'abus aussi excessifs ? Et comment serait-il juste de qualifier des procédés, devenus habituels dans la pratique, qui écartent ainsi du débiteur condamné toute possibilité d'emprunt en diminuant, par de fausses allégations, la valeur réelle du gage qu'il pourrait offrir. La publicité des registres n'est plus qu'un danger pour le débiteur, un mensonge pour le bailleur de fonds.

Les conclusions de cette étude, après avoir passé de la théorie à la pratique, peuvent donc se formuler ainsi ;

Maintien de l'hypothèque judiciaire ; mais à la triple condition :

1° Qu'elle dérive d'un titre définitif ;

2° Qu'elle soit spéciale ;

3° Que le juge en fixe l'étendue.

§ 2.

Projet d'une nouvelle rédaction de l'art. 2123 du Code civil.

L'hypothèque judiciaire résulte :

1° Des jugements de condamnation à une amende ou à des dommages-intérêts, régulièrement signifiés ;

2° Des décisions arbitrales revêtues de l'ordonnance judiciaire d'exécution ;

3° Des jugements définitifs rendus à l'étranger, après qu'ils auront été déclarés exécutoires par un tribunal français, sauf les cas prévus par les conventions internationales.

L'hypothèque judiciaire ne frappe que les immeubles dont le débiteur condamné sera propriétaire au jour du jugement, sauf l'exception ci-après.

Dans chacun des trois cas qui donnent ouverture à l'hypothèque judiciaire, le juge est tenu, à peine de nullité pour le créancier du droit hypothécaire résultant du jugement, de déclarer, dans le dispositif, en vertu du pouvoir discrétionnaire qui lui est conféré à cet effet : 1° le montant, en principal et accessoires, de la somme que l'inscription doit garantir ; 2° si l'inscription peut être prise sur tous les biens présents du débiteur dans la forme prévue par l'art. 2148, ou si elle doit être limitée à tel ou tel immeuble que désignera spécialement le juge.

L'hypothèque judiciaire n'existe que lorsque le montant en principal de la condamnation excède 200 francs.

Dans le cas où le débiteur ne possèderait pas d'immeubles au jour du jugement, ou n'en possèderait que d'une valeur notoirement insuffisante pour garantir la créance, le juge pourra permettre, mais seulement si le principal de la créance excède 1,000 francs, d'affecter les biens à venir, à la charge par le créancier de prendre une inscription nouvelle au fur et à mesure des acquisitions, et sous le bénéfice pour le débiteur, au cas d'inscriptions excessives, de la procédure en réduction prévue à l'article 2161.